AF601106

Bassin de Brassac.

RAPPORT

SUR LA

CONCESSION DE GRIGUES ET LA TAUPE

(HAUTE-LOIRE);

RÉDIGÉ A LA DEMANDE

DE

MM. BROWNE ET AGASSIZ,

PAR HENRI FOURNEL,

Ingénieur au corps royal des Mines.

PARIS,

IMPRIMERIE DE DECOURCHANT,

RUE D'ERFURTH, N° 1

1839.

AVERTISSEMENT.

Les nombreux détails historiques que renferme ce Rapport ont diverses sources que je dois faire connaître. Au commencement de 1838, M. Baudin, ingénieur des mines en résidence à Clermont, avait rédigé sur la *Concession de Grigues et la Taupe*, un MÉMOIRE que les exploitants m'ont communiqué. Ce mémoire a été composé en dépouillant tous les documents authentiques et officiels qui existaient dans les archives de l'Administration, ou que les concessionnaires possédaient; il est accompagné de seize *pièces annexées* qui sont la copie exacte des sources auxquelles M. Baudin a puisé; et, parmi ces pièces, se trouvent divers rapports manuscrits, par exemple celui de M. l'inspecteur des mines Besson, en 1783 (1); ceux de M. l'ingénieur Gueniveau, en date des 22 janvier (2) et 26 février (3) 1819; celui de M. l'ingénieur Gabé, qui remonte à 1813 (4). Je cite ces noms honorables pour montrer que l'on peut avoir pleine confiance dans les faits qui se rapportent au passé, faits pour lesquels je n'avais aucun moyen de vérification, et pour lesquels ce-

(1) *Pièce annexée*, n° 4.
(2) *Pièce annexée*, n° 9.
(3) *Pièce annexée*, n° 10.
(4) *Pièce annexée*, n° 12.

pendant je ne pouvais renvoyer à tel ou tel ouvrage imprimé, comme je n'ai pas manqué de le faire toutes les fois que j'en ai eu la possibilité. Si donc je n'offre pas toujours un moyen régulier de vérification, on peut être sûr du moins que je n'ai rien reproduit d'après des renseignements vagues. Ainsi quand je trace l'historique de la mine, je ne fais en quelque sorte que copier le mémoire de M. Baudin, et je viens de dire sur quelles bases il s'est lui-même appuyé.

J'ai passé rapidement sur les considérations relatives à l'ensemble du Bassin de Brassac : d'abord, parce qu'il aurait fallu consacrer un très-long temps à l'examen de chaque concession, et qu'il me suffisait d'exposer en peu de mots ce qui pouvait aider à l'intelligence de mon Rapport; ensuite, parce que l'Administration prépare la publication de l'étude complète de ce bassin, étude confiée depuis longtemps au zèle et au savoir de M. Baudin. Quant aux travaux exécutés depuis le mois de mai 1838 jusqu'à ce jour, non-seulement je les ai étudiés avec tout le soin dont je suis capable, pendant un séjour d'une semaine (21-29 août), mais les renseignements qui m'étaient nécessaires m'ont été fournis avec une extrême obligeance par M. Henrys, ingénieur-directeur de l'établissement, et par M. Louis, son intelligent contre-maître. Rien ne m'a donc manqué pour arriver à me former une opinion sur la *Concession de Grigues et la Taupe;* aussi je donne avec confiance les conclusions favorables que les faits présentement connus ont dictées, et que l'avenir, j'en ai la conviction, vérifiera successivement.

RAPPORT

SUR LA

CONCESSION DE GRIGUES ET LA TAUPE

(HAUTE-LOIRE).

Les mines de *Grigues et la Taupe* sont ouvertes dans le bassin houiller de Brassac; je vais essayer de donner en peu de mots une idée générale de ce bassin.

Le BASSIN HOUILLER DE BRASSAC, qui appartient aux départements du Puy-de-Dôme et de la Haute-Loire, est le plus important de ceux qu'on connait en Auvergne (1). Encaissé dans le terrain primaire Coup d'œil sur le bassin houiller de Brassac.

(1) Indépendamment du *bassin houiller de Brassac*, on connait en Auvergne :

Dans le DÉPARTEMENT DU PUY-DE-DÔME : 1° un petit bassin houiller qui s'étend, sur les deux rives de la Dordogne, dans les cantons de Tauves (arrondissement d'Issoire), et de Bourg-Lastic (arrondissement de Clermont), bassin qui a donné lieu aux concessions de *Singles* [a] (453 hectares) et de *Messeix* [b]

[a] Accordée par ordonnance du 20 décembre 1826. (*Annales des mines*, t. II, p. 635, 2e série.)

[b] Accordée par ordonnance du 23 novembre 1831. (*Annales des mines*, t. I, p. 549-551, 3e série.)

gneiss), il a sensiblement la forme d'un triangle dont le sommet serait au point où l'Allagnon verse ses eaux dans l'Allier; dont les deux côtés seraient formés par le cours de ces deux rivières; et dont la base resterait encore un peu vague à cause des terrains tertiaires qui recouvrent le terrain houiller quand on s'avance dans la direction de Brioude. Quelques parties de ce riche bassin ne sont pas encore concédées, mais il a donné lieu, jusqu'à présent, à l'institution des huit concessions suivantes :

Concessions accordées. 1. Dans le DÉPARTEMENT DU PUY-DE-DÔME : 1° *Celle* et *la Combelle*,

(1018 hectares), lesquelles ne sont pas exploitées et ne sont exploitables qu'à la condition de créer leur emploi sur les lieux, et un emploi qui donne un produit final capable de supporter les frais d'un assez long transport par terre. Cette localité, du reste, est remarquable par la réunion, dans un assez petit espace, des trois éléments propres à la fabrication de la fonte; 2° le bassin qui, dans le canton de Montaigu (arrondissement de Riom), a donné lieu aux concessions de *Vernade* [a] (154 hectares) et de *la Roche* [b] (198 hectares).

Dans le DÉPARTEMENT DE LA HAUTE-LOIRE, un lambeau de terrain houiller tout à fait séparé du bassin de Brassac, et dans lequel on a institué la concession de *Marsange* [c] (687 hectares). La distance qui sépare cette concession de l'Allier, ou plutôt sa position au-dessus du point où la rivière est *flottable*, sera sans doute un grave obstacle au développement de cette exploitation.

Dans le DÉPARTEMENT DU CANTAL, un lambeau de terrain houiller, reconnu depuis longtemps [d], entre Mauriac et Bort, lambeau qui a donné lieu à la concession de *Lempret* [e] (303 hectares), commune et canton de Mauriac. Son débouché naturel serait sur le cours de la Dordogne; malheureusement cette concession se trouve à plus de quinze lieues (en ligne droite) de Mayronne, point du département du Lot où la Dordogne commence à porter bateau.

Telles sont, jusqu'à ce jour, les richesses houillères de l'Auvergne.

[a] Accordée par ordonnance du 27 décembre 1837. (*Annales des mines*, t. XII, p. 684 et 685, 3e série.)

[b] *Idem*. (*Ibid.*, p. 685 et 686.)

[c] Accordée par ordonnance du 22 septembre 1831. (*Annales des mines*, t. I, p. 531-533, 3e série.)

[d] *Journal des mines*, t. XII, p. 347 et 348, 1802.

[e] Accordée par ordonnance du 5 août 1836. (*Annales des mines*, t. X, p. 606, 3e série.)

commune d'Auzat; concession accordée les 24 juillet 1781 et 7 juin 1785 (1), et définitivement limitée par ordonnance du 20 décembre 1820 (2). Son étendue est de 1350 hectares.

2° *Charbonnier*, dans la commune du même nom; concession accordée par ordonnance du 22 janvier 1823 (3). Etendue, 210 hectares.

Ces deux concessions appartiennent au canton de Saint-Germain-Lambron, arrondissement d'Issoire.

II. Dans les DÉPARTEMENTS DU PUY-DE-DÔME ET DE LA HAUTE-LOIRE à la fois : 3° *Armois;* concession accordée par ordonnance du 13 juin 1827 (4), avec une étendue de 269 hectares, augmentée de 149 hectares par ordonnance du 29 juillet 1829 (5), ce qui porte son étendue totale à 418 hectares.

4° *Fondary;* concession accordée par ordonnance du 13 juin 1827 (6). Étendue, 118 hectares.

Ces deux concessions dépendent à la fois de la commune de Brassac, canton de Jumeaux (Puy-de-Dôme), et de la commune de Sainte-Florine, canton d'Auzon (Haute-Loire).

5° *Grosmesnil*, commune de Frugères; concession accordée pour cinquante années par arrêté du 29 frimaire an VII (7) (19 décembre 1798), et devenue perpétuelle par l'art. 7 de la loi sur les mines, du 21 avril 1810. Etendue, environ 735 hectares.

(1) *Journal des mines*, n° V, p. 89—t. VII-VIII, p. 917-920—t. XI, p. 136 et 137.

(2) *Annales des mines*, t. VI, p. 320-322, 1re série.

(3) *Ibid.*, t. VIII, p. 383-387, 1re série.

(4) *Ibid.*, t. III, p. 347-356, 2e série. On peut voir aussi, au sujet de cette concession, un arrêté du 25 frimaire an IX [a] (16 décembre 1800).

(5) *Annales des mines*, t. VIII, p. 144-146, 2e série.

(6) *Ibid.*, t. III, p. 347-356, 2e série.

(7) *Journal des mines*, t. XI, p. 123-125.

[a] *Journal des mines*, t. XI, p. 329-331.

Cette houillère a été longtemps la plus importante du bassin de Brassac; elle fournissait :

	Quintaux métriques.	Hectolitres.
En 1802. . .	250,000. . .	312,500
En 1812. . .	270,000. . .	337,500
En 1826. . .	370,000. . .	462,500 (1)

III. Dans le DÉPARTEMENT DE LA HAUTE-LOIRE : 6° *Megecoste*, commune de Sainte-Florine; concession accordée par ordonnance du 13 juin 1827 (2). Etendue, 54 hectares.

7° *Les Barthes*, commune de Vergongheon; concession accordée par ordonnance du 11 février 1829 (3). Etendue, 187 hectares.

Elle comprend les travaux dits *des Barthes, des Airs, de Bouzor* et *du Feu*. C'est dans les terrains qui ont, depuis, donné lieu à cette concession, qu'avaient été ouvertes les mines dites du *Bois-Chevalier* pour lesquelles une permission provisoire avait été approuvée par décision du 24 messidor an X (4) (13 juillet 1802), et dont la cession, faite par le sieur Feuillant au sieur Lesecq, fut aussi approuvée par décret du 9 brumaire an XIII (5) (31 octobre 1804).

8° *Grigues et la Taupe*, commune de Vergongheon; concession accordée temporairement, et pour dix-huit ans seulement, par arrêts des 16 mai et 12 septembre 1786 (6); accordée à perpétuité par ordonnance du 13 septembre 1820 (7). Etendue, 304 hectares.

Ces trois dernières concessions appartiennent au canton d'Auzon, arrondissement de Brioude.

En résumant cette énumération des terrains concédés, on a :

(1) *Observations sur les mines de Mons et sur les autres mines de charbon qui approvisionnent Paris*, par Michel Chevalier. (*Annales de l'industrie*, t. V et VI; —*Annales des mines*, t. II, p. 459, 3e série.)

(2) *Annales des mines*, t. III, p. 347-356, 2e série.

(3) *Ibid.*, t. VII, p. 168, 2e série.

(4) *Journal des mines*, t. XIII, p. 394.

(5) *Ibid.*, t. XXVIII, p. 250.

(6) *Ibid.*, t. VII-VIII, p. 913-919.

(7) *Annales des mines*, t. V, p. 602-607, 1re série. Le cahier des charges se trouve annexé à l'ordonnance.

	Hectares.
La Combelle.	1,350
Grosmesnil. . . environ	735 (1)
Armois.	418
Grigues et la Taupe. . .	304
Charbonnier.	210
Les Barthes.	187
Fondary.	118
Megecoste.	54
	3,376 hect.

On peut évaluer à 1000 ou 1200 hectares les parties non encore concédées, d'où il résulte que le bassin de Brassac a une étendue approximative de 4,500 hectares. Étendue totale.

Si maintenant on jette les yeux sur une carte où elles seraient toutes figurées, on verra comment ces huit concessions sont placées les unes par rapport aux autres. On verra aussi, par leur distance à l'Allier, celles de ces concessions qui ont le plus d'avantage pour transporter leurs produits à cette grande route naturelle des charbons de tout le bassin.

Les indices les plus nets sont réunis dans le bassin de Brassac pour bien caractériser, comme appartenant au terrain houiller, les roches qui le composent. Ces roches sont des grés et des schistes qui, du reste, paraissent très-inégalement répartis. Ainsi on peut observer dans la concession de la Combelle une énorme masse de schistes sans trace de houille (2), tandis que, dans les travaux d'Arrest, les grès dominent et les schistes forment, au toit et au mur des couches de houille, de faibles lits qui servent, quand on perce à travers bancs, à annoncer qu'on approche de la houille. Caractères du terrain. *Grès.* *Schistes.*

Des *empreintes de fougères* s'observent fréquemment, et les rognons *Empreintes.*

(1) Cette surface n'ayant pas encore été donnée officiellement, je l'ai calculée approximativement.

(2) *Notice géologique sur le bassin houiller de Brassac*, par M. Baudin, p. 21. Brochure in-8, Clermont, mai 1836. Cette brochure est un prélude de l'ÉTUDE encore inédite dont j'ai parlé, page 4.

Fer carbonaté [illegible] de *fer carbonaté* sont assez abondants sur les divers points du bassin de Brassac, pour avoir fait dire à M. Berthier en 1819 : « Je ne con- « nais pas de localité qui présente de plus grandes chances de suc- « cès pour l'établissement d'une usine à traiter le minerai des « houillères(1). » Il parait même qu'au Grosmesnil ce minerai forme une véritable couche qui suit la houille dans toute sa longueur. Voici quelques essais et analyses qui ont été faits de ces minerais; je les emprunte à M. Berthier :

	FARIDES (2).	MEGECOSTE (3).	GROSMESNIL (4). N° 1.	GROSMESNIL (4). N° 2.
Peroxide de fer.	51 »	35 »		
Deutoxide de manganèse. . . .	1 5	0 3		
Magnésie.	Trace.	1 6		
Chaux.	1 »	» »		
Perte par calcination	29 5	25 5	24 2	23 8
Silice.	9 »	26 5	20 »	25 »
Alumine..	7 »	11 8		
	99 »	100 7		
Carbonate de fer.	74 8	52 »		
Id. de manganèse . . .	2 1	0 4		
Id. de chaux.	1 8	» »		
Id. de magnésie.	» »	3 8		
Eau et bitume.	4 3	6 2		
Argile.	16 »	38 3	20 »	25 »
	99 »	100 7		
Rendement à l'essai.	. . . . .	22 1	37 5	33 3

Je rappellerai en passant que MM. Berthier et Gueniveau ont, en outre, observé un *minerai de fer hydraté* dans les travaux de Grosmesnil. Ce minerai s'est trouvé composé de :

(1) *Essais et analyses d'un grand nombre de minerais de fer provenant des houillères de France*, par M. P. Berthier. (*Annales des mines*, t. IV, p. 367, 1re série.) 1819.

(2) *Journal des mines*, t. XXXII, p. 367 et 368, 1812. — *Annales des mines*, t. IV, p. 369, 1re série. — *Traité des essais par la voie sèche*, t. II, p. 258.

(3) *Annales des mines*, t. IV, p. 368, 1re série. — (4) *Ibid.*, *ibid.*, p. 369 et 370.

Peroxide de fer.	61,3
Oxyde de manganèse	1,4
Magnésie.	0,7
Silice.	20,»
Alumine.	3,2
Eau.	14,1
	100,7(1)

Il a rendu à l'essai 44,6 pour cent; et deux autres échantillons ont donné, l'un 50,2, l'autre 42,2. La présence d'un minerai du même genre a été constatée dans le terrain de Rive-de-Gier, et ce trait de ressemblance n'est pas le seul qu'on pourrait signaler dans une étude approfondie du bassin de Brassac. — On a observé aussi sur plusieurs points des environs d'Issoire, dans un grès très-argileux qu'on rapporte à l'argile plastique, des amas stratiformes de fer hydraté concrétionné fort riche; et ce gisement est le même que celui des excellents minerais qu'on traite dans les hauts-fourneaux des environs de Charleroy (2). On comprend comment M. de Laizer avait proposé dès 1824 l'établissement de hauts-fourneaux près de Brassac (3).

Le nombre des couches de houille reconnues, la puissance et la *Couches de houille.* qualité de quelques-unes d'entre elles, placent le bassin de Brassac au rang des plus riches bassins que possède la France.

Nombre. Je n'oserais dire, et je ne sais s'il est possible de dire aujourd'hui avec exactitude, combien il existe de couches distinctes dans l'ensemble du bassin. Les travaux de Megecoste ont permis d'en reconnaître quatorze; douze autres couches parallèles à celles de Megecoste sont traversées par les travaux d'Arrest, et le seront probablement par ceux de la Taupe. On voit bien le premier de ces grou-

(1) *Essais et analyses d'un grand nombre de minerais de fer provenant des houillères de France*, par M. P. Berthier. (*Annales des mines*, t. IV, p. 381-386, 1re série.) 1819.

(2) *Annales des mines*, t. II, p. 462, aux notes; 3me série.

(3) *De la dépense et du produit des canaux et des chemins de fer*; par le comte Pillet-Will, p. 190; *in-quarto*, Paris, 1837.

pes se diriger vers les Barthes et le Grosmesnil; on voit bien le second se diriger vers Fondary et Armois; mais celles que l'on exploite à la Combelle et à Charbonnier paraîtraient former un groupe distinct.

Puissance. Elle varie dans les différents groupes et dans un même groupe, depuis 1 jusqu'à 20 mètres. On a même cité des variations aussi grandes dans la couche de Grigues, comme je le dirai plus bas (1).

Allure. Les derniers travaux faits dans la profondeur sembleraient vérifier une idée émise par M. Henrys, et qui consisterait à admettre que le bassin coupé par un plan horizontal présenterait une série de zigzags analogues à ceux que donne une coupe des terrains houillers de Belgique par un plan vertical. Une galerie menée dans l'allongement des travaux de la Taupe, et poussée vers le nord, jettera beaucoup de jour sur cette intéressante question, qui ne paraît pas complétement résolue.

Direction. Les couches ont deux directions générales; l'une du nord au sud magnétique, l'autre du sud-ouest au nord-est; et, autant qu'on peut en juger par les roches qu'on observe au bas de Bergoide, les couches, en ce point, auraient repris leur première direction. De là les crochets ou zigzags dont je viens de parler.

Inclinaison. Les premières plongent à l'ouest sous de très fortes inclinaisons (70 à 80°), et parfois sont presque verticales; les secondes plongent vers l'est ou le sud-est sous une inclinaison beaucoup moindre (45°).

Qualité. Elle varie selon la position; ainsi les parties du bassin qui sont en contact avec le terrain primordial, comme les concessions de la Combelle et de Charbonnier, ne donnent que des houilles plus ou moins sèches (2), tandis que les autres parties donnent des houilles généralement grasses, et, parmi celles-ci, il s'en trouve qui sont de première qualité. Au reste, la même observation a été faite dans plusieurs autres bassins, et elle s'accorde avec les idées que la

(1) Page 22 de ce Rapport. — (2) Page 22 de la *Notice* de M. Baudin, déjà citée.

théorie tend à donner sur les circonstances qui ont accompagné la formation de la houille (1).

« Le terrain houiller de Brassac, disait M. Dufrénoy en 1828 (2), « est traversé par un filon de roche d'un vert foncé, entièrement « analogue aux roches qui forment des *dykes* (3) considérables dans le « terrain houiller d'Angleterre, et principalement dans le bassin de « Newcastle. » Ce dyke, qui coupe les couches perpendiculairement à leur direction, et s'étend sur plus d'une lieue dans les concessions d'Armois et de la Combelle, avait été rapporté au basalte par M. le comte de Laizer. M. Dufrénoy a pensé que cette masse était porphyrique et de la même nature que les roches observées dans le terrain houiller de Figeac (Lot) et de Fins (Allier). Les observations postérieures de M. Baudin sont venues pleinement confirmer l'opinion émise par M. Dufrénoy (4). Accidents du terrain.

On rencontre aussi dans les concessions de Megecoste, de Grigues, etc., une *faille?* dirigée tantôt du nord au sud, tantôt de l'est à l'ouest, et qui coupe obliquement les couches. Elle est composée d'un poudingue excessivement dur dont presque tous les noyaux sont quartzeux. J'ai placé un point de doute au-dessus du mot *faille*, parce qu'il est peut-être nécessaire qu'on observe cette roche sur des points plus multipliés qu'on ne l'a fait jusqu'ici, pour prononcer qu'elle forme une véritable faille.

On peut considérer l'exploitation du bassin de Brassac comme Exploitation.

(1) *Résumé des travaux statistiques de l'Administration des mines en* 1836, p. 18. In-4 de l'Imprimerie royale, 1837.

(2) *Considérations générales sur le plateau central de la France, et particulièrement sur les terrains secondaires qui recouvrent les pentes méridionales du massif primitif qui le compose*; par M. Dufrénoy. (*Annales des mines*, t. III, p. 331, 2ᵉ série; — *Mémoires pour servir à une description géologique de la France*, t. I, p. 306.)

(3) On donne ce nom, en Angleterre, à des filons basaltiques qui saillent au-dessus du sol, forment comme des murailles dans les champs, et servent même de clôture à ceux-ci. Leur nom vient de cet usage.

(4) Pages 26 et 27 de la *Notice* de M. Baudin, déjà citée.

ayant eu déjà, sur un certain nombre de points, deux périodes successives, et comme étant arrivée, sur ces mêmes points, à une troisième période qui sera suivie d'*au moins* une quatrième.

L'abondance du combustible, les affleurements qui sortaient partout au jour, et dont un grand nombre s'observe encore aujourd'hui, ont dû déterminer une quantité innombrable, je ne dirai pas d'exploitations, mais de fouilles à la surface, fouilles grossières, que le charbon ouvrait comme de lui-même, que les eaux pluviales et les éboulements venaient fermer; fouilles auxquelles l'art le plus vulgaire était étranger, et qui marquent la première des périodes dont je viens de parler. Plusieurs siècles, peut-être, ont vu pratiquer ce grapillage sur la tête des couches.

Le médecin Lemonnier, qui avait été adjoint à Cassini, en qualité de naturaliste, lorsque cet astronome parcourait la France pour tracer le méridien de Paris, Lemonnier, dis-je, nous a conservé un document précieux sur le mode d'exploitation des houillères du bassin de Brassac en 1739. Il vante les travaux de la compagnie parisienne alors installée, et déclare que les autres mines voisines « ne « sont que des trous en comparaison des mines de la compagnie (1). » Alors il parle de plusieurs puits qui avaient jusqu'à 250 pieds (83 mètres), et servaient à épuiser les eaux; puis il ajoute : « On se sert « du tourniquet simple pour monter le charbon par les autres « puits; etc. »

Ces passages confirment ce que je viens de dire plus haut.

C'est à la fin du dernier siècle et dans les premières années de celui-ci que commence la seconde période. « Les *nouveaux* travaux « de la Combelle, disait M. Laverrière en 1797, fournissent actuel- « lement douze à quinze voies par jour. L'approfondissement du

(1) *Observations d'histoire naturelle*, faites dans les provinces méridionales de la France pendant l'année 1739, par Lemonnier le médecin (*Mémoires de l'Académie royale des sciences*, volume qui renferme *la Méridienne de l'Observatoire royal de Paris*, et fait suite à l'année 1740, p. cxciij. In-4, Paris, 1744.

« puits, que l'on porte à 120 mètres, et d'autres dispositions pour « perfectionner dans cette mine la circulation de l'air, peuvent en « augmenter beaucoup les produits (1).

« La mine du *Grosmesnil*, disait M. Lefèvre en 1802 (2), qui avait « été criblée d'une multitude de petits puits par lesquels la couche de « houille était encombrée et noyée, est maintenant entre les mains « de concessionnaires qui épuisent ces amas d'eau, et se disposent à « porter l'exploitation dans la profondeur. On a lieu de croire que « cette seule mine, lorsqu'elle sera en état de produits, fournira au- « tant que les autres mines de ce pays fournissent en ce moment. « Celles-ci cependant livrent annuellement de 15 à 18,000 myria- « grammes (3). »

Ce que M. Lefèvre disait du Grosmesnil est devenu rapidement vrai pour plusieurs des concessions voisines; en effet, à cette époque et depuis, les travaux, dans la plupart des mines du bassin de Brassac, ont été poussés à la profondeur de 80 à 100 mètres. Ce niveau constitue une seconde période dans laquelle l'art a joué encore un faible rôle. Des machines à molettes ont remplacé les treuils à bras des anciens, et ce n'est que vers 1820, si je ne me trompe, que la première machine à vapeur a fonctionné sur les exploitations houillères de l'Auvergne. Il paraît que ces houillères ont reçu leur plus grand accroissement de 1824 à 1828 (4).

Aujourd'hui il faut descendre plus bas, et commencer une troisième période dans laquelle les règles de l'art seront scrupuleuse-

(1) *Extrait d'un Rapport sur les forêts et masses de houille des environs d'Issoire*, par le citoyen Laverrière, ingénieur des mines, 4 messidor an V (22 juin 1797). (*Journal des mines*, t. v-vi, p. 912.)

(2) *Aperçu général des mines de houille exploitées en France, de leurs produits, et des moyens de circulation de ces produits*; par le citoyen Lefèvre. (*Journal des mines*, t. xii, p. 360.) 1802.

(3) 187,500 à 225,000 hectolitres, en admettant que chaque hectolitre pèse 80 kilogrammes.

(4) *Enquête sur les houilles*, p. 36; *in-quarto*, de l'imprimerie royale, 1833.

ment respectées. Les charbons du bassin de Brassac, si renommés autrefois pour leur excellente qualité, ont vu leur réputation successivement décliner à mesure que l'étage de 100 mètres est devenu un étage de vieux travaux, et cette réputation sera reconquise le jour où l'on ira chercher à un niveau plus bas les mêmes couches dont les produits ont été si recherchés. Nous verrons que cette marche a parfaitement réussi aux propriétaires actuels de la *Concession de Grigues et la Taupe;* ils ont porté leurs travaux à la profondeur de 200 mètres, et les espérances qu'ils avaient conçues ont été couronnées d'un plein succès.

Quantités extraites. Les quantités de houille produites par le bassin de Brassac dans ces dernières années sont les suivantes :

	Quintaux métriques	Hectolitres.
En 1835. . . .	331,600. . .	414,500
En 1836. . . .	404,400. . .	500,500
En 1837. . . .	454,000 (1) .	567,500

Cette extraction est très-faible eu égard à la richesse réelle du bassin. En 1837 les produits se sont ainsi répartis :

Débouchés.

	Quintaux métriques.	Hectolitres.
Puy-de-Dôme.	183,000.	228,750
Seine (Paris).	114,000.	142,500
Haute-Loire.	70,000.	87,500
Allier.	30,000.	37,500
Loiret.	20,000.	25,000
Nièvre.	8,000.	10,000
Indre-et-Loire.	6,000.	7,500
Maine-et-Loire.	5,000.	6,250
Loire-Inférieure. . . .	5,000.	6,250
Cantal.	5,000.	6,250
Mayenne.	3,000.	3,750
Cher.	2,000.	2,500
Sarthe.	2,000.	2,500
Loir-et-Cher.	1,000.	1,250
	454,000.	567,500

Ce petit tableau montre quels sont les débouchés et quelle est l'importance de chacun d'eux.

(1) *Résumé des travaux statistiques de l'Administration des mines en* 1838, p. 108, In-4 de l'Imprimerie royale, 1839.

Autrefois les mesures usitées dans le bassin de Brassac étaient *la voie* et *la rase*. Une voie se composait de 30 rases, cubait 45 pieds cubes, et pesait 3,300 livres. Aujourd'hui on se sert encore de la voie; elle représente 20 hectolitres. Mesures usitées dans le bassin de Brassac.

Après ce coup d'œil rapide jeté sur l'ensemble du bassin de Brassac, j'arrive à l'objet spécial de ce Rapport, et je vais faire connaître la concession que j'étais chargé d'examiner.

CONCESSION DE GRIGUES ET LA TAUPE.

On ne peut guère douter que dès les seizième et dix-septième siècles l'affleurement de l'assise houilleuse à laquelle appartiennent les puissantes couches de Grigues et La Taupe ait été fouillé sur un grand nombre de points de la concession actuelle. Les traces de petits puits éboulés qui avaient été percés très-près les uns des autres subsistent sur toute la ligne; du reste, on ne possède d'autre document sur ces fouilles qu'une simple indication de l'une d'elles marquée sous le nom de *Mine des Dames* (les religieuses de Sainte-Florine), sur un plan général du bassin houiller dressé en l'an x (1). Le plus ancien document écrit que l'on possède sur ces mines ne remonte qu'à un siècle; c'est un bail passé le 6 janvier 1735 par la maison de Brassac, qui affermait à une compagnie de Paris les mines existant dans ses terres seigneuriales de Brassac et Lubières. La compagnie s'engageait à payer annuellement 7,500 fr., prix énorme alors, pour avoir la faculté d'ouvrir huit puits, nombre qui pouvait être porté à dix, mais sous la condition de payer 1,000 fr. pour chacun de ces puits ouverts en sus des huit. Elle installa ses travaux sur la couche de Grigues, dont la puissance était dès-lors renom- HISTORIQUE. Grigues. 1735.

(1) Ces mines sont citées : par Hellot, dans sa traduction de Schlutter (*De la fonte des mines, des fonderies*, etc. p. 61, in-4°, Paris, 1750); par Guettard (*Mémoires de l'Académie royale des sciences* pour 1759, p. 574.)

1736 mée; mais, chassée par le feu, elle fut, dès 1736, obligée de se transporter sur un autre point (Lafosse), qui aujourd'hui est en dehors de la concession de Grigues et La Taupe.

1745—1775. En 1745, la famille de Brassac rentra dans la propriété de ses mines par la résiliation du bail quinquennal de 1735. Les exploitations, livrées comme auparavant aux petits extracteurs du pays, languirent jusqu'en 1771, époque à laquelle la découverte des belles couches de La Taupe (1) vint donner à ces mines une importance toute nouvelle; et l'on peut croire qu'elle contribua à faire placer, dès 1778, par Morand, les mines d'Auvergne, au nombre des plus considérables du royaume (2).

La Taupe. 1775—1782. Quoi qu'il en soit, dès le mois de septembre 1775, cette nouvelle mine fut affermée par une première compagnie (la compagnie Feuillant) qui prenait le lourd engagement de payer à la maison de Brassac le tiers du produit brut de l'extraction. On n'a sur cette première exploitation de La Taupe, qui dura jusqu'en 1782, d'autre document qu'un procès-verbal d'experts, descendus le 17 février 1780 dans les travaux, à l'effet d'apprécier la demande faite par les fermiers « d'exploiter en remontant la mine déjà fouillée jus- « qu'aux fondements, » autorisation qui, sur l'avis des experts, fut accordée par M. Ducroc de Brassac comme tuteur de ses neveux et nièces. Il serait difficile de dire aujourd'hui si l'ignorance présida seule à la rédaction de ce procès-verbal, ou si quelque autre motif caché qui nous échapperait ne joua pas un rôle important dans l'expertise. Ce qui est certain, c'est qu'il est fort curieux de voir déclarer en 1780, c'est-à-dire après une extraction d'environ 300,000

(1) « Je ne connais qu'une seule houillère, dit Legrand d'Aussy, où les fouilles » soient ouvertes avec quelque intelligence, c'est celle de la Taupe. Elle n'était » ouverte, quand je l'ai vue (1788), que depuis quatorze ou quinze ans. » (*Voyage d'Auvergne*, p. , *in-octavo*. Paris, 1788.)

(2) *Collection*, IN-FOLIO, *des Arts et Métiers de l'Académie*. Première partie, section XIII, p. 137. Paris, 1778.

hectolitres, que la mine de La Taupe est épuisée, quand postérieurement elle a fourni plus de deux millions d'hectolitres, et quand les nouveaux travaux ouverts montrent que sa richesse va croissant dans la profondeur.

A la compagnie Feuillant succéda la compagnie Maigne, qui, de 1782 - 1785.
1782 à 1785, exploita la mine de la Taupe, sous redevance du quart du produit brut. Un rapport de l'inspecteur des mines Besson (tournées de 1783) nous apprend qu'à cette époque les travaux avaient atteint la profondeur de 200 pieds (67 mètres), que l'extraction annuelle s'élevait à 3,000 voies (60,000 hectolitres), et que la qualité de la houille était réputée « la meilleure qualité du pays (1). » Cependant, avec l'approfondissement des travaux, les difficultés d'exploitation s'étaient accrues : la compagnie Maigne dut faire place à une compagnie plus riche et plus éclairée. Ici commence l'exploitation de la compagnie Lamothe.

Fermière pour dix-huit ans, par bail du 8 octobre 1785, des mi- 1785 — 1801.
nes de la maison de Brassac, moyennant rétribution du cinquième, la compagnie Lamothe fit confirmer en ses mains, par arrêt du conseil royal des mines en date des 16 mai et 12 septembre 1786, le droit d'exploiter lesdites mines. Ces arrêts eurent, pour la famille de Brassac, les conséquences les plus graves; car, profitant plus tard des circonstances politiques, la compagnie Lamothe se prétendit propriétaire, et, sur l'avis du Conseil des mines, favorable à cette prétention, un arrêté du Directoire exécutif, en date du 3 floréal

(1) A la même époque (1783), la production

Du *Gros-Mesnil* était de. . . .	3,500 voies
Celle de *Baratte*.	800
Celle du *Bel-Air*.	2,000
Ensemble.	6,300

ce qui ferait un total de moins de 10,000 voies pour tout le Bassin. — En 1788 Legrand d'Aussy estimait cette production de 15 à 16,000 voies, et nous avons vu (p. 16) qu'en 1837 l'extraction avait été de 567,500 hectolitres ou 28,375 voies.

an v (1) (22 avril 1797), intervint pour confirmer la concession accordée au sieur Lamothe.

La compagnie avait donné une certaine activité à ses travaux, et nous avons entendu Legrand d'Aussy, dans la relation de son voyage en Auvergne, parler des mines de la Taupe comme des seules mines alors importantes dans la contrée. Lors de sa visite (1788), les travaux avaient atteint la profondeur de 230 pieds (76 mètres), profondeur à laquelle la couche présentait une épaisseur de 45 pieds (15 mètres); l'exploitation occupait 100 à 120 ouvriers, et pouvait fournir annuellement 4,000 voies (80,000 hectolitres) de charbon (2).

Cette extraction était importante en effet pour l'époque, puisqu'on sait qu'en 1789 toutes les houillères du royaume ne produisirent que 2,500,000 quintaux métriques de houille (3) (3,125,000 hectolitres).

Pendant toute la période révolutionnaire, la mine de la Taupe figure en première ligne parmi celles mises en réquisition pour le service des ateliers et fabriques d'armes de la République. On voit, dans la correspondance de l'inspecteur des mines Monnet avec le Comité des armes et poudres (ans II et III), que l'exploitation de la Taupe, la seule du pays dont les travaux fussent sur un bon pied (4), était en mesure de suffire à une extraction de 24 voies par jour, ou 144,000 hectolitres par an.

On a, de cette époque (1792), un plan de la Taupe qui est d'une exécution soignée, mais qui, malheureusement, n'a pas de légende, et manque de clarté quant à l'indication de l'allure des couches. On

(1) Voir l'avis du Conseil des mines et l'arrêté du Directoire exécutif (*Journal des mines*, t. VII-VIII, p. 913-917 et 917-919).

(2) *Voyage d'Auvergne*, par Legrand d'Aussy, p. . In-8, Paris, 1788.

(3) *Enquête sur les houilles*, p. 29. In-4 de l'Imprimerie royale, 1832.

(4) Ils étaient desservis par deux puits de large section (puits *de la Forge*, vieux puits *Saint-Amand*), et par deux belles machines à molettes qui, construites sur les modèles des machines de Flandre et de Montcenis (Creusot), avaient coûté 10,000 livres.

y voit que les travaux, alors assis sur la partie sud du gîte, étaient parvenus à la profondeur de 291 pieds (97 mètres), et occupaient, suivant l'allongement de la couche, une longueur d'environ 150 mètres.

Un rapport de M. l'ingénieur Laverrière permet de suivre l'exploitation de la Taupe un peu plus loin. On lit dans ce rapport, en date du 4 messidor an v (22 juin 1797) : «..... Les mines de la « Taupe, situées au territoire de Bergoide, quelques petites ex« ploitations dans celui de Sainte-Florine, et les nouveaux travaux « de la Combelle, sont les seules exploitations en activité. Dans les « mines de la Taupe, les ouvrages du puits supérieur ont été aban« donnés, sans espoir de parvenir à aucune découverte, après « quatre mois de recherches infructueuses. Mais, dans le puits in« férieur, les travaux ont eu plus de succès; et indépendamment « de la reprise des anciens ouvrages, dont on extrait les eaux à « mesure qu'on y pénètre et qu'on approfondit, on a découvert une « veine de dix mètres de puissance, que l'on peut considérer « comme un prolongement de l'amas principal. Cette mine pour« rait fournir vingt à vingt-cinq voies de houille chaque jour, si « elle était dans une activité complète(1). »

Cessation des travaux de la Taupe. 1804.

La compagnie Lamothe abandonna ses travaux en 1804. Il résulte d'un rapport de M. Gueniveau, en date du 22 janvier 1810, 1° que le feu fut la cause de cet abandon; 2° qu'à la profondeur de 30 mètres la grande masse avait atteint l'énorme puissance de 30 mètres; 3° qu'en 1804 les travaux avaient atteint la profondeur de 105 mètres; 4° qu'il restait les quatre cinquièmes ou au moins les trois quarts des massifs de houille reconnus, circonstance sur laquelle on fondait l'espoir d'une prochaine reprise.

(1) *Extrait d'un Rapport sur les forêts et masses de houille des environs d'Issoire*, par le citoyen Laverrière, ingénieur des mines. Issoire, 4 messidor an V. (*Journal des mines*, t. V-VI, p. 941 et 942)

A l'exploitation de la mine de la Taupe succéda celle de Grigues.

Grigues. 1806 1811. Nous avons vu (pages 17 et 18) une compagnie parisienne attaquer, en 1735, la grande couche de Grigues, et l'abandonner dès 1736. Aucune nouvelle tentative ne fut faite pendant les soixante-dix années qui s'écoulèrent jusqu'en 1806. A cette époque, la compagnie Lamothe aîné céda ses mines (1) à M. Lamothe jeune, ancien préfet de la Haute-Loire, et celui-ci attaqua la couche de Grigues au niveau de 60 mètres, par deux puits munis de machines à molettes, et dont l'un avait 70, l'autre 50 mètres de profondeur.

Cessation des travaux de Grigues. 1811. En 1811, époque de l'abandon, ces puits avaient atteint la profondeur, l'un de 104 mètres, l'autre de 80 mètres, et les travaux étaient descendus au niveau de 90 mètres. Ces travaux, d'ailleurs, ne s'étendaient guère, en allongement, qu'à 100 mètres de chaque côté du puits le plus profond, celui qui avait été foncé près des bâtiments de Grigues; ils s'avançaient dans la couche principale, dont la puissance, de 2 à 3 mètres dans la partie nord-ouest, allait en augmentant à l'approche et au sud-est du puits, jusqu'à l'énorme puissance de 20 mètres, pour ensuite décroître et se réduire à 1 mètre seulement à l'extrémité sud-ouest des travaux. De 1804 à 1811, il n'a guère été tiré que 3 à 400,000 hectolitres; et quand on songe que les travaux n'ont point été rouverts depuis, quand on songe à la faiblesse de cette extraction entre le niveau de 44 mètres, auquel étaient descendus les anciens en 1736, et le niveau de 90 mètres qu'avait atteint M. Lamothe, on peut se faire une idée des richesses que rencontreront des travaux portés à 2 ou 300 mètres de profondeur, et des richesses qui restent aux étages déjà entamés.

Quelle fut la cause de l'abandon des puits de Grigues en 1811?

(1) La Compagnie Lamothe ne pouvait pas faire cette cession; la concession n'avait été accordée, en 1786, que pour dix-huit ans, et elle avait expiré le 10 octobre 1804. Les travaux faits de 1804 à 1811 furent entrepris sans droit.

Cette cause fut un crime. M. Lamothe avait fait de mauvaises affaires ; un gérant dirigeait les établissements pour le compte des créanciers, et cet homme, accusé d'avoir volontairement livré la mine aux ravages du feu, vint en quelque sorte fournir une preuve à l'accusation, en rachetant pour son propre compte, et à vil prix, l'ensemble de l'établissement dont il avait consommé la ruine.

Cependant les travaux ne furent pas repris. La stagnation générale du commerce, le désastre de la maison Lamothe et de quelques autres, avaient jeté, en Auvergne, un grand discrédit sur l'industrie houillère. D'ailleurs, la concession temporaire accordée en 1786, avait expiré le 10 octobre 1804 ; depuis cette époque les mines de Grigues et la Taupe étaient donc rentrées dans le domaine public, et n'avaient réellement plus d'exploitant ayant droit.

Concession accordée. 13 septembre 1820.

Après la paix de 1815, on vit bientôt naître le développement industriel qui caractérise notre époque. La famille de Brassac se trouva aussi en meilleure position pour faire valoir ses droits, et une ordonnance du 13 septembre 1820 (1) lui accorda la *Concession de Grigues et la Taupe*, dont le périmètre renferme une étendue de 304 hectares.

La Taupe. Travaux repris. 1821.

Dès l'année suivante, il fut procédé à la reprise de la riche mine de la Taupe, que nous avons vu abandonner en 1804, par suite des progrès du feu, après une exploitation non interrompue depuis 1775, c'est-à-dire pendant vingt-neuf ans. Mais, dire que les concessionnaires avaient changé de siècle sans changer d'idées et d'habitudes, dire que, restés étrangers à l'industrie, ils recoururent à la déplorable méthode de fermage autrefois suivie, et qu'ils livrèrent leur concession à une compagnie pauvre de capitaux et de lumières, compagnie qui, fermière pour neuf années seulement, avait, par le fait, faculté de résilier son bail quand bon lui semblerait, c'est tracer en peu de mots

1 *Annales des mines*, t. v, p. 602-607, 1re série.

l'histoire complète de cette nouvelle et dernière période de l'exploitation des mines de la Taupe.

La compagnie fermière (C[e] Gannat) ne pouvait avoir d'autre intérêt que de réaliser de rapides bénéfices avec la moindre mise de fonds possible, et sans s'inquiéter, bien entendu, d'un avenir qui ne lui appartenait pas.

1823. Une prodigieuse activité développée dans ses travaux, tant en restauration qu'en foncement de puits, lui permit de réaliser, dès l'année 1823, avec de simples machines à molettes, l'extraction considérable de 240,000 hectolitres, ce qui, pour trois cents jours de travail, représente 800 hectolitres par jour. Mais, à mesure que les travaux s'approfondissaient et s'étendaient, l'insuffisance des moyens employés rendait les conditions d'une pareille exploitation de moins en moins avantageuses; l'irrégularité de travaux entrepris au mépris de toutes les règles de l'art et des sages conditions imposées par le cahier des charges, ajoutaient encore aux difficultés naturelles; les circonstances commerciales devinrent moins favorables; et enfin le principal fermier, M. Gannat, venait d'obtenir en son propre
1827. nom la concession de Fondary (1). Dès lors la clause résiliatrice fut invoquée. Cette clause portait qu'en cas d'incendie, d'inondation, d'éboulement ou de tout autre accident de force majeure, le bail serait considéré comme nul.

1828. Le 15 mai 1828, la compagnie Gannat, se fondant sur l'envahissement, par le feu, d'un de ses puits (le puits *de la forge*), abandonna complétement les travaux de la Taupe, et cet abandon donna lieu à un procès encore pendant entre les propriétaires et les fermiers.

Dans cette dernière période, l'exploitation de la Taupe avait produit :

(1) Par ordonnance du 13 juin 1827. (*Voyez* p. 7.)

	quintaux métriques.	hectolitres.
en 1822.	90,000.	112,500
1823.	192,000.	240,000
1824.	153,000.	191,250
1825.	150,000.	187,500
1826.	102,000.	127,500
1827.	102,000.	127,500
1828.	16,000.	20,000
	805,000	1,006,250

Ainsi furent définitivement fermées, en 1828, les mines de la concession de Grigues et la Taupe; car il est impossible de donner
le nom d'exploitation à quelques petites fouilles pratiquées en 1831 1831 et 1834.
et 1834 dans le voisinage de Grigues.

Neuf années s'écoulèrent ainsi, lorsqu'en 1837 les héritiers de 1837.
Brassac ouvrirent quelques travaux près de l'ancienne *mine des Dames*, et mirent à nu, par le *puits de la Chapelle*, le groupe de couches sur lesquelles ont été, depuis, ouverts les travaux que nous connaîtrons sous le nom d'*Arrest*. Cette découverte était importante, parce qu'elle confirmait la puissance de toute l'assise houilleuse sur quelque point qu'on voulût à l'avenir l'attaquer; elle fut bien importante pour les héritiers de Brassac, puisque M. Cockerill y vit une raison suffisante pour entreprendre, sur une grande échelle, l'exploitation de ces richesses plus ou moins gaspillées dans une écorce de 100 mètres, mais si capables de faire naître de belles espérances à qui oserait pénétrer, avec les ressources et le génie de l'industrie moderne, dans les
profondeurs qu'une routine timide craignait avec raison de sonder. 1838.
Le 26 mai 1838, M. Cockerill, après avoir fait examiner les travaux et s'être décidé à reprendre l'exploitation, acheta aux héritiers de Brassac, moyennant la somme de 1,400,000 fr., la *Concession de Grigues et la Taupe*, qui devait être exploitée par une société formée sous la raison *Browne et Agassiz*.

Tel est l'historique fidèle que je tenais à tracer ici; il me reste maintenant à faire connaître les travaux exécutés depuis la prise de possession, et à montrer jusqu'à quel point ils ont réalisé les espérances que l'on avait conçues.

Ces travaux, je dois le dire de suite, ont été confiés à l'habileté d'un ancien élève de l'Ecole polytechnique, M. Henrys, qui a pleinement justifié la confiance qu'on avait mise en lui; car il a su faire bien, en peu de temps, et avec peu d'argent.

PLAN GÉNÉRAL D'EXPLOITATION. Ce qui précède me permet d'exposer sans commentaires le plan général d'exploitation auquel on s'est fixé. Les points d'attaque étaient naturellement déterminés par les vieux travaux; il s'agissait seulement de s'enfoncer à une profondeur de 2 ou 300 mètres pour aller rechercher les couches reconnues par les anciens, et de se donner ainsi un champ d'exploitation plus ou moins vaste. Après quelques recherches faites dans les vieux travaux pour se bien fixer sur l'allure des couches, sur leur pendage, sur leur nombre, trois points ont été choisis, à *la Taupe*, à *Arrest* et à *Grigues*, pour foncer de nouveaux puits dont on limita la profondeur à 200 mètres, en plaçant l'orifice de celui de Grigues, qui est central par rapport aux deux autres, à un niveau tel au-dessous de l'orifice des puits de la Taupe et d'Arrest, que, par des galeries d'écoulement, il reçût, quoiqu'il eût la même profondeur, les eaux de tout l'ensemble de l'exploitation, et servît à la fois pour l'extraction et pour l'épuisement. On obtenait ainsi trois champs d'exploitation distincts, bien que communiquant entre eux dans la profondeur.

Dans un premier chapitre, je concentrerai toute la *partie d'art*, et je ferai connaître comment a été exécuté le plan que je viens de tracer en peu de mots. Je consacrerai un second chapitre à quelques *vues économiques* qui compléteront les données au moyen desquelles on pourra juger l'ensemble de l'opération conçue par M. Cockerill.

CHAPITRE Ier.

DESCRIPTION DE L'ÉTABLISSEMENT FORMÉ.

Je vais rendre compte successivement des *travaux exécutés*, je dirai quels *moyens* ont été *employés*, et quels *résultats* ont été *obtenus*; de là, la division naturelle de ce premier chapitre en trois sections.

SECTION I.

TRAVAUX EXÉCUTÉS.

Pour éviter toute confusion, je distinguerai les travaux de mines proprement dits et les constructions extérieures. Quand, plus tard, je récapitulerai toutes les dépenses faites, chaque groupe comprendra les dépenses qu'il a occasionnées.

ARTICLE. 1er.

Ouverture de puits et galeries.

Nous savons déjà que les travaux de cette nature ont porté sur trois points principaux qui forment comme autant de groupes séparés. Je les décrirai successivement.

§ 1re.

Arrest.

On a vu (page 25) qu'un puits creusé sous le nom de *puits de la*

Chapelle, au milieu des traces d'anciennes fouilles (1), avait servi à reconnaître le groupe des couches qui marchent du nord au sud magnétique dans la partie nord ouest de la concession. C'est là même, sur un point assez élevé du coteau, qu'ont été établis les nouveaux travaux d'Arrest; ils se composent d'un puits d'extraction, d'un puits d'airage et d'un tunnel qui aboutit au chemin de fer.

PUITS D'AIRAGE. Au moment de la prise de possession, le *puits de la Chapelle* avait 50 mètres de profondeur; la compagnie actuelle en a tiré parti pour lui faire jouer le rôle de puits d'airage. Le 1er août 1838, on a commencé son approfondissement, et à la fin de janvier 1839, il avait Dimensions. atteint la profondeur de 95 mètres 67 centimètres, qu'il a aujourd'hui. On s'est donc enfoncé moyennement de 7 mètres 28 centimètres par mois.

Son ouverture, qui présente un rectangle de 2 mètres 33 centimètres sur 2 mètres, est à 4 mètres 60 centimètres au-dessous de l'ouverture du puits d'extraction. Le tirage, qui aurait lieu ainsi en sens contraire du sens voulu, est rétabli dans son véritable sens par une cheminée en briques à laquelle on travaillait pendant mon séjour, et cette cheminée doit être surmontée d'un tuyau en fer galvanisé.

Dépense. Ce puits d'airage a occasionné une dépense totale de 16,737 fr. qui peut se détailler ainsi :

Fonçage à divers prix faits			5,880f »
Boisage	248 carrés à 13 f.	3,224 »	3656 21
	124 estampes à 3 f.	372 »	
	coulantage	60 21	
Travail à la journée			2,803 23
Poudre			1,000 »
Huile			469 76
Bâtiment			600 »
Outils et frais divers			2,328 80
Ensemble			16,737 »

(1) On a fait à Arrest le relevé d'une dixaine d'anciens petits puits.

C'est moyennement 175 fr. par mètre d'approfondissement.

A 26 mètres au sud du puits d'airage a été placé le puits d'extraction, au milieu même du système des couches, car il en laisse cinq à l'ouest et sept à l'est, en comptant celle de Grigues. Commencé dès le mois de mai 1838, il avait déjà 68 mètres au 1er août suivant, et, successivement approfondi, il avait 160 mètres de profondeur au moment de ma visite. On avait donc foncé moyennement 7 mètres 66 centimètres par mois, quoiqu'on ait presque constamment traversé le poudingue quartzeux dont j'ai parlé, poudingue que l'on suppose former une faille dans le terrain. Cette circonstance assure une grande solidité à ce puits qui a d'ouverture 3 mètres sur 2 mètres 33 centimètres, et est divisé en deux compartiments. Il est desservi par une machine à vapeur (voyez page 50).

Puits d'extraction.

Dimensions.

Ce puits a occasionné une dépense de 35,914 fr. 30 c. qui peut se détailler ainsi :

Dépense.

Fonçage à prix fait	50 mètres à 52 fr. 50. .	2,625	9,825 f. »
	50 id. à 60. . . .	3,000	
	60 id. à 70. . . .	4,200	
Boisage	277 carrés à 17 fr. . . .	4,709	8,603 »
	152 estampes à 3 fr. . .	456	
	191 douzaines de planches à 18 fr. (1).. . . .	3,438	
Travail à la journée.			7,899 50
Poudre.			2,512 »
Huile.			525 »
Sa part du compte d'écurie			912 »
Id. des frais de forge.			3,200 »
Frais divers			2,437 80
Ensemble. . . .			35,914 30

Ce qui fait 224 fr. 46 c. par mètre de fonçage.

Au niveau de 160 mètres on commençait, vers l'est, une galerie au rocher qui, après quelques mètres d'avancement, doit se partager en deux branches dirigées, l'une au sud-est, l'autre au nord-est. Ces deux branches recouperont six des couches du système,

Travaux souterrains. *Niveau de 160 m.*

(1) 100 mètres seulement sont coulantés.

et à 96 mètres elles atteindront la grande couche de Grigues. Si, en partant du puits, on se dirigeait à l'ouest où l'on n'a encore rien tenté, on rencontrerait cinq couches, et la plus éloignée serait atteinte après un parcours de 90 mètres. La première serait une couche de 1 mètre 95 centimètres (6 pieds), ensuite deux de 1 mètre 62 centimètres (5 pieds), puis une de 2 mètres 27 centimètres (7 pieds), et enfin une de 0 mètre 97 centimètres (3 pieds).

Niveau de 100 m. Au niveau de 100 mètres, on entre dans une galerie de roulage dont je vais parler plus bas. En s'avançant de 15 mètres, à partir du puits, on rencontre, à gauche, la GALERIE D'AIRAGE, qui va rejoindre, en se contournant, le puits d'airage, et établit, dès à présent, la libre circulation de l'air dans les travaux. Cette galerie a un développement de 43 mètres; elle a 1 mètre 66 centimètres de hauteur sur 1 mètre 66 centimètres de largeur, et a marché presque constamment à travers bancs. Elle a coûté 3,200 fr., savoir :

Percement de 43 mètres à 25 fr. . . .	1,075 f. »
Travaux à la journée.	900 »
Poudre et huile.	521 »
Boisage.	500 »
Outils et frais généraux.	204 »
Ensemble. . . .	3,200 »

GALERIE DE ROULAGE. Les six couches dont j'ai parlé plus haut ont déjà été rencontrées par une galerie poussée de 45 mètres à l'est, et qui a successivement coupé une couche de 0 mètre 65 centimètres (2 pieds), une de 1 mètre 30 centimètres (4 pieds), une de 2 mètres 60 centimètres (8 pieds), une de 1 mètre 62 centimètres (5 pieds), une seconde de 2 mètres 60 centimètres (8 pieds), et enfin, une de 1 mètre 95 centimètres (6 pieds) (1). Prolongée

(1) A proprement parler, la galerie de roulage ne va pas jusqu'à cette dernière couche; mais à 37 mètres du puits, au point où nous allons voir la galerie se détourner vers le nord, il a été foncé un petit puits au fond duquel une galerie poussée à l'est a été reconnaître la couche de 1 mètre 95 centimètres. Ces travaux sont aujourd'hui comblés.

encore d'environ 20 mètres vers l'est, cette galerie atteindrait la grande couche de Grigues. A 37 mètres du puits, elle se détourne au nord, marche dans l'allongement, entre les couches de 2 mètres 60 centimètres et de 1 mètre 95 centimètres, et est venue, en s'infléchissant un peu vers l'ouest, recouper la couche de 2 mètres 60 centimètres pour suivre le toit de celle-ci sur une longueur de 33 mètres. En ce point, plusieurs reconnaissances ont été faites sur les mêmes couches déjà traversées par la galerie qui part du puits, et en revenant vers l'ouest, une de ces reconnaissances avait recoupé les deux couches de 2 mètres 60 centimètres, par conséquent aussi celle de 1 mètre 62 centimètres; et au moment de ma visite (23 août 1839), on venait d'atteindre les schistes qui servent de mur à la couche de 1 mètre 30 centimètres. Il était facile de voir, dans cette recoupe, les couches successivement traversées; leur pendage était presque vertical. L'ensemble de ces galeries et reconnaissances, en y comprenant une recoupe de 12 mètres qui aboutit à la galerie d'airage, donne un développement de 200 mètres qui a occasionné une dépense de 14,522 fr. dont je n'ai pas le détail. La galerie de roulage a 2 mètres 33 centimètres de hauteur, et en largeur, 2 mètres 92 centimètres au plancher, 2 mètres 28 centimètres au plafond. Les reconnaissances ont les mêmes dimensions que la galerie d'airage.

TUNNEL.

On a remarqué que le puits d'Arrest était placé sur un point assez élevé du coteau qui borde la petite plaine où coule l'Allier. Il fallait donc aviser au moyen de ne pas élever les charbons jusqu'au jour, pour ensuite les redescendre péniblement au niveau de la rivière; telle est la double économie de temps et d'argent qu'on a réalisée en perçant, au niveau du chemin de fer, un tunnel qui s'enfonce horizontalement dans le coteau et s'avance jusqu'au puits.

Couches traversées.

Le percement de ce tunnel, commencé le 1er août, a été terminé dans les premiers jours de novembre 1838. Poussé de l'est vers l'ouest, il a été ouvert dans la grande couche de Grigues, et a rencontré successivement cinq couches; mais, bien entendu, dans l'ordre inverse de celui où je les ai nommées, en décrivant les travaux du niveau de 100 mètres. Parvenu à celle de 2 mètres 60 centimètres (8 pieds), une galerie a été poussée *au nord* pour vérifier son allure en allongement, puis à 18 mètres du tunnel on s'est détourné à angle droit pour revenir vers l'est et recouper encore celles qu'on avait traversées précédemment. Ces galeries, aujourd'hui fermées, ont un développement total d'environ 60 mètres.

Reconnaissance de ces couches.

Au contraire, à 60 mètres de l'ouverture du tunnel, quand on est parvenu à la couche de 1 mètre 30 centimètres (4 pieds), on a poussé dans son allongement une galerie *au sud*, galerie de laquelle deux embranchements, l'un pris à 15 mètres, l'autre à 50 mètres du tunnel, sont partis pour revenir vers l'est constater dans cette partie les mêmes faits déjà reconnus par la galerie nord. Ces percements ont un développement d'environ 80 mètres, et il paraît que les renseignements qu'ils ont fournis ont été très-satisfaisants. Ce qui est certain, c'est que les couches reconnues par les travaux de 100 mètres concordent si bien avec les affleurements du coteau, l'épaisseur des roches qui forment le toit et le mur, se maintiennent avec une régularité si grande, que l'on pourrait, pour ainsi dire, tracer sans les avoir vues les couches recoupées par le tunnel.

Dimensions.

Après un développement de 80 mètres, ce tunnel a atteint le grand côté sud du puits, à 40 mètres au-dessous de son orifice, et a été arrêté en ce point, où l'on a établi la *chambre de chargement*. Il ne restait plus qu'à le murailler. Deux pieds droits en pierre, hauts de 1 mètre 385, réservant au tunnel une largeur de 2 mètres 55, règnent de chaque côté sur toute sa longueur, et supportent une voûte cintrée en briques dont le point le plus élevé est à 2 mètres 66 centimètres au-dessus du sol, et dont le rayon a 1 mètre 275.

Dépense.

Ce muraillement s'avançait, lorsque survint un éboulement qui explique, par les travaux qu'il nécessita, le prix élevé auquel est revenu ce tunnel, comparé à celui auquel nous verrons revenir celui de la Taupe (voyez page 38), dont les dimensions transversales sont les mêmes. Le tunnel d'Arrest, aujourd'hui complétement terminé, a coûté 14,052 fr. qui peuvent se détailler ainsi :

		fr.	c.
Percement	30 mètres à 30 f. 900 / 50 mètres à 25 f. 1,250	2,150 f.	»
Travaux à la journée.		3,024	80
Boisage et fagots (1).		580	»
160 mètres de murs à 10 fr. 50. . .		1,680	»
21 id. à l'endroit de l'éboulement		168	»
320 id. de voûte à 12 fr. (2) . . .		3,840	»
Poudre.		20	»
Huile.		147	87
Chambre de chargement.		500	»
Frais de forge et frais divers. . .		1,341	33
		14,052	»

C'est 175 fr. 65 c. par mètre courant (3), sans compter le chemin de fer dont il sera parlé plus tard.

§ 2.

La Taupe.

Les travaux de la Taupe se trouvent à environ 150 mètres à l'est d'un point où l'on a relevé, pour les rapporter sur un plan, jusqu'à 26 petits puits fouillés par les anciens. Ces travaux sont installés sur un système de couches dirigées du sud-ouest au nord-est, et plongeant, en général, de 45° au sud-est. Ils se composent, comme ceux

(1) Pour boucher le vide de l'éboulement. C'est aussi par suite de l'éboulement que les *travaux à la journée* montent à une somme si forte.

(2) Puisque le diamètre a 2 m. 55, on a 2 m. 55 × 3. 14 = 8 m., par conséquent la demi-circonférence a 4 m. de développement, et il faut multiplier la longueur par 4 pour avoir la surface exprimée en mètres carrés.

(3) Si l'on défalque les	580 fr.	» cent.	du boisage,
Et si l'on retire. . . .	2,247	20	aux travaux à la journée,
Ensemble. . . .	2,827	20	

il reste une dépense totale de 11,224 fr. 80 cent., c'est-à-dire 140 fr. 31 cent., prix auquel est revenu, *par mètre courant*, le tunnel de la Taupe. (*Voy.* p. 38.)

d'Arrest, d'un puits d'extraction, d'un puits d'airage, et d'un tunnel. A 400 mètres au sud-est du puits d'extraction d'Arrest, se trouvait, à la Tanpe, le puits de *la Roide*, abandonné en 1828, par la compagnie Gannat, à la profondeur de 70 mètres. La compagnie actuelle a repris ce puits pour en faire son puits d'extraction; mais parlons d'abord du puits d'airage.

Puits d'airage. Il est placé à 25 mètres au nord-nord-ouest du puits d'extraction. Commencé le 1er octobre 1838, il avait, le jour de ma visite (22 août 1839), 134 mètres de profondeur, il a donc été foncé de près de

Dimensions. 13 mètres par mois. Du reste, on lui a donné, comme au puits d'airage d'Arrest, une ouverture rectangulaire de 2 mètres 33 cent. sur 2 mètres; cette ouverture se trouve à 9 mètres 20 cent. au-dessous de celle du puits d'extraction, et le sens du courant sera rétabli comme à Arrest.

Couches traversées. A 34 mètres du jour, une couche de 1 mètre 30 centimètres (4 p.) a été rencontrée, et 6 mètres plus bas, c'est-à-dire à 40 mètres du jour, on a atteint une masse de charbon que l'on a traversée pendant 28 mètres (86 p.). Cette masse est comme séparée en plusieurs couches par des nerfs, et on pense que c'est la grande couche. Enfin, à 126 mètres, on est entré dans une couche de très-bon charbon, dans laquelle on est resté pendant 7 mètres 50 centimètres (23 p.), point où l'on était lorsque j'y suis descendu.

Ventilateur. L'air, lancé par un petit ventilateur que faisait mouvoir un enfant, était porté au fond du puits par un canal en bois. Cet appareil a été supprimé pendant mon séjour, car dans la nuit du 25 au 26 août, la communication avec le puits d'extraction a été percée, et le courant d'air s'est établi de lui-même en sens inverse de ce qu'il sera quand le puits d'airage sera surmonté de sa cheminée et du tuyau en fer galvanisé qui lui est destiné.

Le service de ce puits est fait par une machine à molettes.

Dépense. Il a occasionné jusqu'à ce jour une dépense de 18,039 fr., qui se répartit ainsi :

Fonçage à prix fait.	96 mètres à 45 fr.	4,320	6410 f. »
	38 id. à 55.	2,090	
Boisage.	257 carrés à 13 fr.	3,341	3,835 »
	128 paires d'estampes à 3 fr.	384	
	Coulantage.	110	
Travail à la journée.			4,304 40
Compte d'écurie. (molette.)	168 journées de chevaux à 3 fr.	504	717 »
	Toucheurs et enfants pour le ventilateur.	213	
Poudre.			615 »
Huile.			346 05
Etrennes (0 fr. 50 par mètre).			67 »
Un câble usé.			500 »
Outils et frais divers.			1244 55
		Ensemble.	18,039 »

C'est 134 fr. 62 c. par mètre d'approfondissement.

Nous savons déjà (voyez page 34) que c'est en profitant de l'ancien puits de *la Roide*, situé en un point assez élevé du coteau, et approfondi en 1828 jusqu'à 70 mètres, que l'on a installé le puits d'extraction actuel. C'est le 9 juillet 1838 que ce puits a été repris; à la fin d'août suivant, on avait déjà élargi et boisé à neuf les 70 mètres foncés, de manière à donner une section plus grande, 3 mètres sur 2 mètres 33 centimètres, et, s'enfonçant successivement, on atteignit le 31 mai 1839 la profondeur actuelle de 200 mètres; on avait donc, *dans la partie neuve*, foncé moyennement 14 mètres 44 centimètres par mois.

Puits d'extraction. — *Dimensions.*

Il suffit de voir la position de ce puits par rapport au puits d'airage, et de tenir compte de l'inclinaison connue des couches, pour comprendre qu'il a dû rencontrer à un niveau *un peu plus bas* les mêmes couches que nous avons déjà remarquées en descendant dans le puits d'airage. En effet, à 65 mètres du jour (1), la couche de 1 mètre 30 centimètres (4 p.) a été rencontrée; à 75 mètres, on a atteint et traversé pendant 28 mètres (86 p.) la masse que l'on considère comme la grande couche; à 164 mètres s'est présentée la

Couches traversées.

(1) Je rappelle ici que l'orifice du puits d'extraction est à 9 mètres 20 centimètres au-dessus de celui du puits d'airage. (*Voyez* p. 34.)

couche de 7 mètres 50 centimètres (23 p.); et enfin, à 200 mètres, le puits est resté appuyé sur le toit d'une couche dont la puissance, qui est de 4 mètres 55 centimètres (14 p.), a été reconnue par les travaux de l'étage de 164 mètres (voyez page 37).

Ces deux dernières couches compléteraient, dans la concession de Grigues et la Taupe, le nombre de quatorze couches compté dans la concession de Megecoste, et si rien ne vient postérieurement contredire les indications que fournissent ces faits, il faut forcément conclure : qu'en poussant à l'est dans les travaux d'Arrest, on devra, après avoir traversé la grande couche de Grigues, rencontrer d'abord la couche de 23 p., puis celle de 14 p. En marchant toujours à l'est dans la galerie de roulage d'Arrest, on apprendra d'avance tout ce qu'on rencontrera en approfondissant le puits de la Taupe.

Ce puits est, comme celui d'Arrest, divisé en deux compartiments. Il a été desservi jusqu'à présent par une machine à molettes destinée à être remplacée par une machine à vapeur de 20 chevaux, dont les principales pièces sont arrivées pendant mon séjour, et dont la pose sera terminée avant un mois.

Dépense. Il a occasionné une dépense de 42,076 fr., qui peut se détailler ainsi :

Fonçage.	72 mètres à 25 fr.	1800	9,480 f.	»
	128 id. à 60.	7,680		
Boisage.	350 carrés à 17 fr.	5,950	12,790	»
	300 paires d'estampes à 3 fr.	900		
	330 douzaines de planches de neuf pieds, toutes travaillées, à 18 f. la douzaine (1).	5,940		
Travail à la journée.			8,276	20
Compte d'écurie (travail de la molette).			2,600	»
Poudre.			2,012	»
Huile.			420	»
Barraque.			400	»
Arrangements faits en juin.			460	»
Outils.			3,200	»
Frais divers.			2,437	80
Ensemble.			42,076	»

(1) 165 mètres seulement sont coulantés.

On voit qu'en profitant des 70 mètres déjà foncés, mais qu'il a fallu élargir et boiser à neuf, on a dépensé 210 fr. 38 c. par mètre d'approfondissement.

Travaux souterrains. Niveau de 164 m.

Il n'y a de travaux qu'à un seul étage, à l'étage de 164 mètres, et ces travaux ont encore peu d'étendue. Au mois de juin dernier, lorsque le puits d'extraction eut atteint la profondeur de 200 mètres, on entra en galerie dans la couche de 7 mètres 50 centimètres (23 pieds). Après s'être avancé de 10 mètres vers le sud-ouest, deux directions ont été prises; *la première*, pour pousser dans l'allongement de la couche une première galerie de roulage qui marche au sud-sud-ouest, est ouverte à 3 mètres de hauteur, sur 3 mètres de largeur, et a aujourd'hui un développement d'environ 85 mètres; elle a coûté, en comprenant dans le prix la chambre de chargement.

Percement.	1,500 fr.
Boisage.	2,100
	3,600 fr.

la seconde direction, prise à l'ouest-nord-ouest, marchait à travers bancs, et au bout de 3 mètres 50 centimètres, a atteint la couche sur le toit de laquelle s'arrête le fond du puits. Cette seconde couche, qui a montré une puissance de 4 mètres 55 centimètres (14 pieds), a été suivie en allongement de chaque côté, c'est-à-dire vers le sud-sud-ouest et le nord-nord-est, ce qui a donné une seconde galerie qui marche, sur le plus grand nombre de ses points, parallèlement à la première. Elle a un développement total d'environ 110 mètres, 3 mètres de hauteur et 3 mètres de largeur. On y a employé 2,100 fr. de bois, et comme on s'avançait dans le charbon, elle ne figure dans les dépenses que pour ce chiffre.

Diverses remontes, prises dans l'inclinaison de ces deux couches sur divers points, ont déjà préparé treize entailles. Une de ces remontes marchait vers le puits d'airage pour établir la communication. Le 22 août les ouvriers s'entendaient déjà très-bien, et j'ai dit plus haut (page 34), que dans la nuit du 25 au 26 cette communication avait été percée.

Tunnel. Par les mêmes raisons que j'ai données (page 31), un tunnel, partant du chemin de fer, a été percé dans le coteau à la rencontre du puits d'extraction de la Taupe dont il a atteint le grand côté Est, après un développement de 120 mètres, et à 40 mètres au-dessous de l'orifice du puits.

Dimensions. Ce tunnel, commencé le 1er septembre 1838, était pour ainsi dire terminé en août 1839, puisqu'à l'époque de ma visite il ne restait que quelques mètres de voûte à maçonner. Il a constamment traversé des grès, néanmoins on l'a muraillé et voûté comme celui d'Arrest, en lui conservant les mêmes dimensions transversales, 2 mètres 55 de largeur sur 2 mètres 66 centimètres de hauteur. La

Dépense. dépense qu'il a occasionnée est de 16,838 fr., qui se décomposent ainsi :

Percement, 120 mètres à 31 fr. . . .	3,720 f.	»
240 mètres de muraillement à 10 f. 50.	2,520	»
480 id. de voûte en briques à 12 f. .	5,760	
Travaux à la journée.	1,017	20
Poudre.	1,080	»
Huile.	186	56
Chambre de chargement.	500	»
Frais de forge et frais divers. . .	2,054	24
Ensemble. . . .	16,838	»

C'est 140 fr. 31 c. par mètre courant, toujours sans compter le chemin de fer.

Autres travaux. Dans le voisinage des travaux actuels de la Taupe, trois puits dé-

Petits puits. signés sous les noms de premier, deuxième, troisième *petit puits de la Taupe*, ont été foncés dans les cinq derniers mois de 1838 pour tirer du charbon dans les anciens travaux de la grande couche.

Le premier, commencé le 1er août au-dessous de Bergoide, près du bois, avait à la fin de septembre 1838, la profondeur de 34 mètres 33 cent. Il a été approfondi encore de 13 mètres en janvier 1839, et abandonné à la profondeur de 47 mètres 35 centimètres.

Le deuxième, commencé le 3 septembre 1838 n'a guère été foncé que d'une trentaine de mètres.

Et *le troisième,* commencé le 6 novembre 1838, n'a pas été au delà d'une vingtaine de mètres.

Ces trois puits sont aujourd'hui comblés.

D'autres petits puits ont été foncés pour avoir de l'eau. Tel est un puits de 4 mètres ouvert en septembre 1838, près de l'entrée du tunnel de la Taupe; tel est encore un puits qui se trouve près de la maison du maître mineur. Ce dernier puits a   mètres de profondeur, et a coûté 1,500 fr.

Galerie du chemin de fer.

Un peu à l'ouest de l'entrée du tunnel de la Taupe, une galerie a été ouverte en janvier 1839, et continuée dans le mois suivant, puis suspendue après avoir été poussée jusqu'à environ 40 mètres, elle a servi à reconnaître une couche dont il est difficile d'assigner aujourd'hui la relation avec les autres. Ce sont les travaux postérieurs qui diront si elle est au toit ou au mur de la grande couche.

§ 3.

Grigues.

C'est entre les travaux d'Arrest et ceux de la Taupe que vont être ouverts les travaux de Grigues, par lesquels on attaquera particulièrement la grande couche. Si je fais de leur description un des paragraphes de la section *travaux exécutés*, c'est qu'on a déjà préludé à leur exécution par quelques travaux préparatoires qui viennent forcément se ranger ici. J'ai dit plus haut (page 20) la destination des travaux de Grigues et leur rôle dans le plan général. Maintenant que de nombreux détails sont venus éclairer l'ébauche que je n'avais fait que crayonner pour donner une idée de l'ensemble, je puis dire, avec la certitude d'être compris, que là est le point central de l'exploitation, le point qui tiendra les deux autres dans sa dépendance, et sur lequel repose toute la sécurité future des trois champs d'extraction.

Travaux faits. Sur le bord du chemin qui conduit de Grigues à la Taupe et à 145 *Galerie de Grigues.* mètres au sud-est du bâtiment de Grigues, une galerie, autrefois commencée, a été reprise le 20 août 1838. Cette galerie, poussée au sud-ouest, précisément dans l'intérieur du crochet que forme le sys- *Couches traversées.* tème des couches, a rencontré :

A	29 m.	»	de l'ouverture, une couche de		1 m.	30	cent.	(4 pieds).
	11		plus loin	d°.	0	33		(1 pied).
	8	16	d°.	d°.	0	97		(3 pieds).
	25	»	d°.	d°.	1	62		(5 pieds).
	36	»	d°.	d°.	1	62		(5 pieds).
	9		d°.	la grande couche	18 m.	»		(49 pieds).
	118	16			21	84		

Les cinq couches percées avant de pénétrer dans la couche de Grigues, portent à 17 le nombre des couches reconnues tant par les travaux d'Arrest que par cette galerie; mais il est extraordinaire qu'on n'ait pas rencontré d'abord la couche de 14 p., puis celle de 23 p., avant d'atteindre le mur de la grande couche.

Dimensions. Ouverte seulement à 1 mètre 66 centimètres de hauteur, sur 1 mètre 66 centimètres de largeur, son avancement a été rapide, car, prise à 2 mètres, elle avait déjà, au 28 février 1839, 134 mètres de développement, ce qui suppose qu'on s'était avancé moyennement de 22 mètres par mois. 4 mètres percés en mars et 2 mètres en mai l'ont conduite au développement total de 140 mètres qu'elle a au- *Dépense.* jourd'hui. Elle a coûté 5,651 fr., savoir :

Percement à prix fait, 140 mètres à 25 fr.	3,500 f. »
Travail à la journée.	1,022 »
Boisage.	650 »
Outils et frais divers.	479 »
	5,651 »

Ce qui donne 40 fr. 36 c. par mètre d'avancement.

Son but. Cette galerie, qu'on nomme dans le pays la *galerie du rouge*, paraît avoir été d'abord une simple galerie de reconnaissance, mais elle sera utilisée et deviendra une *galerie d'airage* (1) pour les travaux de Grigues, dont je vais exposer sommairement le projet.

TRAVAUX A FAIRE.

A 40 mètres environ à l'ouest-nord-ouest de l'entrée de la galerie précédente, on prépare l'emplacement du puits de Grigues. C'est une grande entaille faite au pied du coteau, et à laquelle on travaillait pendant mon séjour; elle était marchandée à 1 fr. 10 c. le mètre cube, transport de terres compris. On y a fait, en août, une entaille de 220 mètres cubes pour 242 fr.

Là sera ouvert le puits de Grigues, de telle sorte que son orifice se trouve juste au niveau du chemin de fer. Installé au mur de toutes les couches, ce puits ne devra rien rencontrer pendant son fonçage. On compte lui donner une profondeur d'au moins 200 mètres et une section de 3 mètres sur 3 mètres, parce qu'il sera partagé en trois compartiments dont deux pour l'extraction, et un pour les pompes d'épuisement. Au bout de la galerie de 140 mètres, on foncera, dans la couche même de Grigues, un puits dont l'orifice sera au niveau de l'orifice du puits de Grigues, et par lequel, cependant, l'airage s'établira, au moyen d'un puits (2) avec lequel il sera facile de mettre la galerie en communication, puisqu'il n'est qu'à 20 mètres de distance de celle-ci.

J'ai dit (page 26), que le puits de Grigues était destiné, dans le plan général, à servir en même temps de puits d'extraction et de puits d'épuisement. Nous venons de voir, en outre, que son orifice serait au niveau du chemin de fer. Il en résulte (voyez pages 32 et 38), qu'il sera à 40 mètres au-dessous de l'orifice des puits d'Arrest et de la Taupe (3), et comme il aura la même profon-

(1) Elle servira momentanément de *galerie de roulage* lorsqu'on foncera, dans la couche de Grigues, le puits d'airage dont il va être fait mention.

(2) Ce puits, qui sert en ce moment à donner de l'eau, est un ancien puits foncé, sous le nom de *puits du Bois*, en un point du coteau situé à 15 mètres au-dessus du niveau de la plaine. Il a, de section, 2 mètres 33 centimètres sur 2 mètres, et une profondeur de 60 mètres. Il a coûté, en réparations, 2,070 fr. ou 34 fr. 50 cent. par mètre.

(3) Il sera un peu au-dessous de 40 mètres; mais je néglige la pente du chemin de fer depuis le fond du tunnel d'Arrest jusqu'à Grigues.

deur (200 mètres), son fond sera à 40 mètres plus bas que le fond des deux autres puits d'extraction. On comprend de suite comment, par des galeries d'écoulement, les eaux de toute la mine viendront s'y rassembler. Il doit être desservi par une machine de 60 chevaux qui servira successivement pour l'extraction et pour l'épuisement.

Quelle est la masse d'eau qui affluera dans ce puits? il est difficile de le prévoir. Au moment de ma visite, les travaux d'Arrest et de la Taupe, dans leur plus grande profondeur, n'en donnaient pas une goutte, rigoureusement parlant. Il est vrai que je les ai visités à la suite d'une longue sécheresse; mais, malgré cette circonstance, je dois dire avec vérité que je n'avais jamais eu d'exemple d'une pareille siccité à 200 mètres au-dessous du sol. Toutefois c'est parce que l'on prévoit qu'il n'en sera pas toujours ainsi à mesure que les galeries se développeront et que les tailles remonteront vers les vieux travaux, c'est parce que les travaux de Grigues en donneront à coup sûr une affluence plus ou moins grande, que l'on prépare les moyens de les épuiser. Mais on voit, par ce qui précède, que quand la galerie poussée en allongement dans la grande couche de Grigues rejoindra le niveau de cette couche à Arrest ou à la Taupe, on voit, dis-je, que le fond du puits de Grigues se trouvera former un puisard de 40 mètres, et capable, à cause de sa section, de contenir 3,600 hectolitres d'eau. Il est donc permis d'espérer que cet épuisement pourra être fait pendant les jours de repos, et qu'il n'entravera que bien faiblement l'extraction au puits de Grigues lui-même.

Article 2.

Constructions.

Diverses constructions extérieures sont indispensables à une exploitation; on a commencé par les plus urgentes. Leur description serait ici sans intérêt, je me contenterai d'indiquer leur objet et d'aligner, pour chacune d'elles, le chiffre pour lequel elles devront figurer dans la récapitulation générale des dépenses faites.

Dès le 8 août 1838 on a commencé les travaux de deux halles pour faire et sécher des briques. Ces bâtiments se trouvent à 130 mètres au sud-est du puits d'extraction de la Taupe. Ils ont coûté 1,200 fr. Briqueterie: *Halles.*

C'est généralement par la méthode flamande que l'on fait les briques. Mais pour en obtenir de mieux cuites, on a construit, près des halles, un four dans lequel on peut en cuire 30,000 à la fois. Ce four a occasionné une dépense de 2,070 fr. *Four.*

Enfin, pour fabriquer les briques à la flamande, il a fallu dresser une grande plate-forme; ce travail a coûté 927 fr., et une petite maison a été construite au briquetier pour 500 fr. Le total des dépenses de la briqueterie est donc de 4,697 fr. *Maison et Plate-forme.*

Je dirai en passant que les briques reviennent à 13 fr. le mille, prix un peu élevé. Dans beaucoup d'établissements elles ne coûtent que 9 à 10 fr.

Près de la petite maison de Grigues on a construit une maison en pierre qui se compose d'un rez-de-chaussée et d'un premier étage, partagé en six chambres. Au rez-de-chaussée se trouvent quatre feux de forges. Ce bâtiment, commencé le 25 septembre 1838, a été couvert dès le 6 novembre, et le 15 du même mois, les maréchaux y ont travaillé. Il a coûté 6,900 fr. Bâtiment de la forge.

Cette petite maison de Grigues, dont je viens de parler, appartient à M. de La Chapelle, et renferme le magasin où sont tous les objets de consommation, le bureau et une écurie pour 10 chevaux. On l'a prolongée de manière à pouvoir loger 10 chevaux de plus, et à avoir un grenier au-dessus de cette seconde écurie qui a coûté, avec ses dépendances, 2,300 fr. Écurie.

Un grand chantier, couvert en tuiles et fermé, a été dressé pour les charpentiers et menuisiers. Il a 27 mètres de longueur sur 10 de large, et a coûté 3,600 fr. Chantier couvert.

Près du port, une maison en pierre, contenant quatre magasins pour les mariniers, une chambre d'attente pour eux, et un logement Maison des mariniers.

pour le garde-magasin, est terminée sauf quelques travaux grossiers de menuiserie pour la fermer. Commencée le 26 septembre 1838, elle a été couverte le 12 novembre. Elle a coûté 5,750 fr.

Maison du contre-maître. Une maison a été construite pour le contre-maître, à peu de distance de l'ouverture du tunnel de la Taupe. Commencée le 1er août 1839, on la couvrait pendant mon séjour. Elle a occasionné, en août, une dépense de 1,200 fr.

Puits d'Arrest. Le puits d'Arrest est couvert d'un grand hallier qui communique sans interruption avec le bâtiment de la machine. L'ensemble de ces deux constructions, avec la cheminée des chaudières et l'équipage des molettes a coûté 14,605 fr.

Puits de la Taupe. Au puits de la Taupe une partie de cette dépense est faite, car le bâtiment de la machine, commencé en février 1839, est terminé depuis longtemps. Il a coûté 19,264 fr.

SECTION II.

MOYENS EMPLOYÉS.

TRAVAIL SOUTERRAIN. Mode de descente. Les ouvriers descendent encore par les bennes, mais cet état de choses ne doit pas durer. Les puits d'airage ont été ouverts à grande section pour que l'on puisse plus tard y établir des descenderies à échelles.

Mode d'exploitation. Quant au mode d'exploitation, il était tracé par la forte inclinaison des couches. Cette inclinaison, qui va parfois jusqu'à la presque verticalité, comme à Arrest, a déterminé l'emploi de la *méthode par remblais*.

Durée du poste. Les mineurs travaillent sans interruption de 8 heures en 8 heures.

Dans aucun cas on ne se sert de poudre pour abattre le charbon, probablement parce qu'elle donnerait trop de menu. Des pics de diverses forces sont les seuls instruments du mineur au charbon dans tout le bassin de Brassac. Cette partie du travail est, comme à Saint-Étienne, la seule qui se fasse à prix fait. Abattage.

Le roulage est fait momentanément à la brouette; mais quand les galeries de roulage seront achevées et redressées, quand elles seront muraillées et voûtées comme on se propose de le faire, quand elles auront reçu des chemins de fer pareils à celui qui est au jour, le roulage s'opérera dans de petits wagons en fer, et les charbons seront ainsi conduits jusqu'à la *chambre de chargement*, ou, plus exactement, jusqu'à la *chambre d'accrochage*. Roulage intérieur.

C'est au moyen de lampes ordinaires que les ouvriers sont éclairés. Ces lampes contiennent une demi-livre d'huile et durent douze heures. Il est probable qu'en s'avançant dans les massifs de charbon, le besoin des lampes de sûreté se fera promptement sentir. Éclairage.

Les bois durs, tels que le chêne, le hêtre, etc., sont très-rares dans cette contrée, mais les pins et les sapins y sont assez abondants pour qu'on se les procure aisément. Les points principaux d'où on les tire sont *les Pinais, Champagnac-le-Jeune, Champagnac-le-Vieux, Saint-Hilaire, Combenayre, Sainte-Catherine* et *Vallivier*. En 1788, Legrand d'Aussy s'était inquiété de la rareté des bois en Auvergne au point de se demander comment ferait la génération future (1). Plus tard, en 1797, M. Laverrière, tout en signalant l'augmentation de prix et la rareté croissante du bois de chauffage sur les bords du haut Allier (2), avait sagement remarqué, dès cette époque, que « l'exploitation et l'aménagement de ces bois étaient de nature à les Bois. Points d'où on les tire.

(1) *Voyage d'Auvergne*, par M. Legrand d'Aussy, p. 199 et 200. In-8, Paris, 1788.

(2) *Extrait d'un Rapport sur les forêts et masses de houille des environs d'Issoire*, par le citoyen Laverrière, ingénieur des mines. (*Journal des mines*, t. V-VI, p. 940), an V (1796-1797.)

« perpétuer (1). » Et les faits patents aujourd'hui confirment cette dernière prévision bien plutôt qu'ils ne réalisent la crainte d'épuisement total que cet ingénieur avait manifestée (2).

Leur prix. Les bois, ici, ne se vendent pas à la solive, ce qui rend difficile la comparaison de leur prix avec celui des autres pays. D'un arbre, on donne le prix qu'on a débattu, et c'est au vendeur et à l'acheteur à juger, l'un ce qu'il livre, l'autre ce qu'il prend. Cependant, malgré cette absence de règle fixe, il est facile de voir que le prix des bois

(1) *Ibid.*, *ibid.*, p. 239.

(2) A propos de l'exagération des craintes conçues sur la rareté des bois dans quelques contrées, je demande la permission de citer le fait suivant, qui m'a souvent frappé : Deux hommes fort éclairés, MM. Rozière et Houry, ingénieurs des mines, rédigeant, en 1804, un travail statistique sur le département de la Haute-Marne [a], avaient jeté un cri d'alarme ; ils déploraient l'extrême difficulté qu'éprouvaient les usines à s'approvisionner de combustible [b], et sur *quarante-neuf* hauts fourneaux existant alors dans ce département ils en signalaient *cinq* qui chômaient *faute de combustible* [c]; les quarante-quatre autres produisaient :

	160,000 quintaux métriques de fonte pour fer.
	12,500 quintaux métriques de fonte moulée.
Ensemble. .	172,500 quintaux métriques de fonte [d].

En 1825 [e], le département de la Haute-Marne possédait *cinquante-deux* hauts fourneaux *en activité*, produisant :

219,450 quintaux métriques de fonte [f],

et la consommation n'a fait que s'accroître depuis.

[a] *Mémoire sur la statistique minéralogique du département de la Haute-Marne*, par MM. Rozière et Houry. (*Journal des mines*, t. XVII, p. 405-436.) 1804.

[b] *Ibid.*, p. 424.

[c] *Ibid.*, p. 420 et 425.

[d] *Ibid.*, p. 422.

[e] J'ai choisi cette date de 1825 parce qu'à cette époque la fabrication, en Champagne, avait encore lieu *totalement au bois*.

[f] *Mémoire sur l'état actuel des usines de la France*, par M. Héron de Villefosse. (*Annales des mines*, t. XIII, tableau placé à la p. 346, 1re série.) 1826.

n'est pas très-élevé, et, pour le montrer, je demanderai la permission d'entrer dans quelques détails. On a payé :

2	pièces de	60 pieds	sur	8 pouces	d'équarrissage,	40 fr.	» c.	la pièce.
3	d°	21	—	8	d°	10	»	d°
2	d°	26	—	10	d°	20	»	d°
8	d°	10	—	10	d°	9	»	d°
2	d°	18	—	8	d°	7	»	d°
8	d°	18	—	6	d°	4	50	d°

Ce qui représente pour chacune de ces pièces :

Pieds cubes.	Prix du pied cube.	Prix de la solive.
26,136.	5,53.	4,59
10.4544	0,956.	2,868
18,444.	1,10.	3,30
6,939.	1,29.	3,87
7.8408.	0,89.	2,07
4,50.	1.	3

On voit qu'en définitive ces prix, sans être bas, n'ont rien d'exorbitant. Un fait d'ailleurs doit être remarqué, c'est que, dans le prix de transport, l'achat des bois pour construire les bateaux joue un grand rôle. Or ce prix de transport n'a pas varié depuis 1783, comme je le démontrerai plus loin (*voyez* p. 75).

Prix des planches.

Les planches de sapin de 9 pieds de longueur sur 8 à 10 pouces de largeur et 13 à 14 lignes d'épaisseur, coûtent, prises au lieu dit *la Baraque*, 12 fr. 50 c. la douzaine, ci. . . . . 12 fr. 50 c.

On paie en outre, port jusqu'à la mine . . . . . . » 60

Ensemble. 13 10

Boisage des puits. *Puits d'extraction.*

Les puits d'extraction sont à double compartiment, et boisés avec un soin extrême. Nous avons vu (page 29) qu'au puits d'Arrest, sur une hauteur de 160 mètres, 277 carrés ont été posés; nous avons vu (page 30) qu'à celui de la Taupe il est entré 350 carrés sur une hauteur de 200 mètres; dans l'un comme dans l'autre, ils sont donc espacés moyennement de 0^m57 en 0^m57.

Ces carrés ont 0^m27 (10 pouces), 0^m30 (11 pouces), 0^m33 (12 pouces), et jusqu'à 0^m35 (13 pouces) d'équarrissage. Chacun d'eux, toute façon comprise, coûte 17 fr. Ils sont supportés par des estampes de 0^m22 (8 pouces) d'équarrissage qui entrent de 0^m33 à 0^m35 dans la roche qui forme la paroi du puits.

Enfin, les quatre faces de chaque compartiment sont garnies d'un *coulantage* à double joint très-soigné.

Le mètre courant de tout l'ensemble d'un pareil boisage a coûté :

Au puits d'extraction d'Arrest . . . . 66 fr. 66 c.

A celui de la Taupe. 70   25

qui se décomposent ainsi :

	Arrest.		La Taupe.
Carrés.	29 fr. 43 c.	. . . .	29 fr. 75 c.
Estampes. . . .	2 85	. . . .	1 50
Coulantage. . .	34 38	. . . .	36 »
	66 fr. 66 c.		70 fr. 25 c.

Puits d'airage. Les puits d'airage sont soutenus avec le même soin, seulement les carrés sont moins forts et ils ne reviennent qu'à 13 fr. Nous avons vu (page 28) qu'au puits d'airage d'Arrest il est entré 248 carrés sur une hauteur de 96 mètres, et qu'à celui de la Taupe (page 35), il a suffi de 257 carrés sur une hauteur de 134 mètres. Ainsi, dans le premier, il a fallu les poser moyennement de 0^m38 en 0^m38, et dans le second de 0^m52 en 0^m52.

Quant au coulantage de ces puits, il est beaucoup plus simple; les planches sont posées à séparation.

Le mètre courant d'un pareil boisage, dans lequel les coulants entrent pour fort peu de chose, a coûté :

Au puits d'airage d'Arrest. . . . . . . 38 fr. 08 c.
Au puits d'airage de la Taupe. 28   62

qui se décomposent ainsi :

	Arrest.		La Taupe.
Carrés.	33 fr. 58 c.	. . . . .	24 fr. 93 c.
Estampes . . .	3 88	. . . .	2 87
Coulantage. . .	0 62	. . . .	0 82
	38 fr. 08 c.	. . .	28 fr. 62 c.

La différence tient à la nécessité où l'on a été de rapprocher beaucoup les carrés au puits d'Arrest.

Il conviendra de murailler ces puits d'airage en briques. L'air chaud et humide dont ils seront incessamment remplis tendra à pourrir rapidement les bois, et il ne faut pas perdre de vue qu'à cause même du mauvais air, les réparations y sont plus difficiles que dans d'autres puits. Du reste, on pourra ménager à la partie inférieure de la cheminée qui les surmonte une porte qu'on ouvrira à volonté, de manière, lorsqu'on voudra faire une réparation, à refouler l'air et à établir momentanément le tirage par le puits d'extraction.

Boisage des galeries.

Les galeries sont boisées à la manière ordinaire ; deux montants et un chapeau forment le cadre derrière les trois parties duquel on serre des branchages et du menu bois. Dans les galeries à grande section (3 mètres), comme par exemple dans la galerie de roulage n° 1, à la Taupe, les bois se touchent pour ainsi dire, et ces bois ont de $0^{m}22$ (8 pouces) à $0^{m}30$ (11 pouces), ces deux dimensions alternant entre elles. — Dans les galeries à petite section (2 mètres) on les écarte de $0^{m}50$ à $0^{m}65$; les bois n'ont que $0^{m}16$ (6 pouces) à $0^{m}22$ (8 pouces), et on fait aussi alterner ces deux dimensions.

MACHINES.

Tour à engrenage.

Quand les travaux de fonçage ont commencé, on s'est servi d'un tour à engrenage tiré des ateliers de M. Cockerill, et qu'on avait acquis moyennant 2,000 fr. Pendant ce temps, on construisait deux machines à molettes que je ne décrirai pas parce qu'elles n'offrent rien de particulier. La première a été terminée, et a commencé à marcher sur le puits d'Arrest, le 25 septembre 1838 ; la seconde a été terminée peu après, et a commencé à marcher sur le puits de la Taupe le 1er novembre suivant. Ces deux machines ont coûté 8,000 fr. Plus tard, le 20 mai 1839, la machine à vapeur du puits d'Arrest a été complétement posée, et la machine à molettes qui desservait ce puits a été transportée sur le puits d'airage de la Taupe, où elle fonctionne encore aujourd'hui. Ces machines peuvent être attelées de quatre chevaux qui se relaient toutes les six heures.

Machines à molettes.

Machines à vapeur. L'établissement possède trois machines à vapeur qui ont été construites à Seraing.

1° *Celle du puits d'Arrest.* Elle est à cylindre horizontal, et de la force de 14 chevaux. Construite pour marcher à 4 ou 5 atmosphères, on la fait marcher seulement à 2 atmosphères 1/2. Elle consomme par 24 heures 17 hectolitres de mauvais charbon provenant des anciens travaux.

Sa chaudière est alimentée par de l'eau puisée dans les travaux mêmes (1), et la faiblesse des dépôts que ces eaux y forment est remarquable. Cette machine est excellente et très-bien tenue. Elle a coûté :

Prix d'acquisition.	20,000 fr.	» c.
Frais de douane et de réception à Nantes. . .	9,217	25
Frais à Orléans.	728	39
Port de la machine jusqu'à Arrest.	1,615	»
Frais de montage.	3,212	»
Ensemble.	34,772 fr.	64 c.

C'est 2,483 fr. 77 c. par force de cheval ; ce prix est fort élevé, d'autant plus que nous avons compté à part (p. 44), le prix du bâtiment de la machine. Il faut dire cependant qu'il y a une compensation à l'élévation de ce prix, c'est la force *réelle* de la machine. Une machine construite en Belgique est plus forte qu'une machine française, fournie pour le même nombre de chevaux.

2° *Celle du puits de La Taupe*, de la force de 20 chevaux. Cette machine est à balancier. On la pose en ce moment ; j'ai déjà dit (p. 30) qu'elle marcherait dans le courant d'octobre prochain. Elle a coûté :

Prix d'acquisition		26,700 fr.	» c.
Transport de Seraing et frais à Anvers. . . .		1,458	60
Frais d'Anvers au Havre		3,003	35
Droit de 30 p. 100 sur 26,000 fr. . . .	7,800 fr.	8,580	»
Décime	780		
Transport du Havre à Brassac		4,910	»
Pour-boire aux voituriers		61	»
Ensemble. . . .		44,712 fr.	95 (2)

(1) Malgré ce que j'ai dit (page 42) sur l'absence d'eau dans les travaux au moment où je les ai visités, on conçoit qu'il devait néanmoins s'en rassembler quelque peu dans le puisard. — (2) Voyez le complément de ce prix p. 95.

3° *Celle du puits de Grigues*, de la force de 60 chevaux. Elle a été payée 68,300 fr., mais elle n'est pas encore livrée, et à ce prix il faudra ajouter tous les frais d'entrée, de transport et de montage.

MAIN-D'OEUVRE.

Presque tous les ouvriers sont du pays, et la population du bassin de Brassac est de longue main façonnée aux travaux des mines. Nous avons vu les mineurs se relayer de huit en huit heures; pour tous les autres ouvriers, même pour les rouleurs, la journée est de douze heures de travail. Les mineurs travaillent à divers *prix faits*, qui varient selon les roches à traverser, et la description des travaux nous a fourni, sous ce rapport, plusieurs exemples. Quand ils s'avancent dans le charbon, en perçant une galerie de 3 mètres sur 3 mètres, on leur donne 16 francs pour 2 mètres d'avancement, c'est-à-dire pour 18 mètres cubes; mais on leur fournit tout, huile, poudre, outils. Indépendamment de ce prix, on leur accorde 0 fr. 50 par benne (7 hectolitres) de gros charbon qu'ils obtiennent. Si 18 mètres cubes fournissent réellement 340 hectolitres (*voy.* page 60), il en résulte que l'abattage d'un hectolitre de charbon ne coûterait guère que 0 fr. 05, prix excessivement bas. A Saint-Étienne on donne 0 fr. 10 par benne (1 hect. 1/2) pour le menu, 0 fr. 15 pour le grêle, 0 fr. 20 pour le Perat.

Prix faits des mineurs.

Pour mettre à même de juger du prix de la main-d'œuvre dans le pays, et pour donner tout à la fois une idée de l'importance de l'établissement, je vais transcrire ici un relevé que j'ai fait sur la feuille de paie du mois de juillet 1839 :

Nombre d'ouvriers. Salaires.

PUITS D'ARREST.

10 mineurs à la tâche.				
2 machineurs (tireurs de bennes). . .	à	45 fr.	» c.	par mois.
2 machinistes.		50	»	d°
2 chauffeurs.		40	»	d°
2 boiseurs.		2	50	par jour.
7 plucheurs.		2	»	d°
8 porteurs.		2	»	d°
2 rouleurs.		1	60	d°
1 commissionnaire.		»	75	d°

36 à reporter.

36 d'autre part.

PUITS D'AIRAGE DE LA TAUPE.

9 mineurs à 45 fr. par mètre.			
2 machineurs. . . . . à	45	»	par mois.
4 toucheurs.	18	»	d°
2 rouleurs.	1	50	par jour
2 enfants au ventilateur.	»	60	d°

PUITS D'EXTRACTION DE LA TAUPE

12 mineurs à la tâche.			
2 machineurs. . . . . à	45	»	par mois.
8 preneurs de bennes au tunnel. . .	1	50	par jour.
2 rouleurs de wagons	1	50	d°
4 toucheurs.	»	60	d°
14 rouleurs intérieurs.	2	»	d°
3 boiseurs.	2	50	d°
1 commissionnaire.	»	75	d°
1 contre maître. . . . . à	4,000	»	par an.
1 maître machiniste.	210	»	par mois.
1 caissier.	120	»	d°
1 commis.	110	»	d°
1 maître mineur.	100	»	d°
1 d°	80	»	d°
1 commis pour les bois.	70	»	d°
1 surveillant.	60	»	d°
1 commissionnaire.	60	»	d°
1 garde magasin.	50	»	d°
1 second garde magasin.	35	»	d°
1 maître maréchal.	60	»	d°
2 maréchaux, l'un à 55 fr., l'autre à. .	50	»	d°
1 aide maréchal.	30	»	d°
5 charpentiers dont 1 maître à . . .	70	»	d°
et 4 à	2	»	par jour.
1 scieur de long.	2	»	d°.
1 maître charretier.	40	»	par mois.
1 palefrenier.	40	»	d°.
1 charretier.	1	50	par jour.
3 trieurs de roc.	1	»	d°.
13 manœuvres.	1	50	d°.
1 maître maçon.	70	»	par mois.
1 maçon.	2	»	par jour.
1 goujat.	1	25	d°.
144			

USTENSILES ET OBJETS DIVERS.

On voit, à mesure que nous avançons, comment se trouvent successivement fournis les éléments au moyen desquels on peut se rendre compte d'une exploitation. C'est pour ne rien laisser en dehors que je vais donner ici les prix auxquels reviennent certains objets qui sont d'une consommation journalière. On paie : *Objets de consommation.*

CARTOUCHES.	La poudre.	2 f. » c.	le kilog.
	Le papier à cartouches.	0 60 à 0 63	id.
ÉCLAIRAGE.	L'huile.	1 10	id.
	Le coton pour mèches.	2 90	id.
FOURRAGES.	La paille.	7 »	les cent bottes.
	Le foin.	35 à 37 50	le mille.
	L'avoine.	9 à 10	l'hectolitre.
	La chaux hydraulique.	4 80	le mètre cube.
FERS.	Le fer de Franche-Comté.	65 »	les cent kilog.
	— de roche.	52 »	id.
	— de Charenton (près le Tronçay).	60 »	id.
	— demi-roche (1).	56 »	id.
	— galvanisé.	105 »	id., pris à Paris (2).
ACIERS.	L'acier d'Allemagne.	4 »	le kilog.
	— de Toulouse.	2 40	id.
CLOUS.	Les clous de 3, 4 et 5 pouces.	» f. 80 c.	id.
	— au-dessous de 3 pouces.	» 90	id.
	Clous en fer galvanisé, de 3 à 4 pouces.	1 15	id.
	— de 5 à 6 pouces.	1 04	id.
	— à ardoises	1 75	id.
	— à lattes	1 30	id.
OUTILS.	Les outils de fer non limés.	1 15	id.
	— de mineur, aciérés.	1 20	id.
	Les taillants (haches, ciseaux, etc.	1 50	id.

On se sert de câbles plats au puits d'Arrest, et il en sera de même sur les autres puits, à mesure que leurs machines seront posées. On tire ces câbles de Moulins, au prix de 1 fr. 70 c. le kilogramme rendu à l'établissement. Ainsi, les deux câbles de la machine d'Arrest ont chacun 250 mètres de longueur, ou ensemble 500 mètres; ils ont pesé 1,913 kil., qui, à 1 fr. 704, donnent 3,259 fr. 75 c., qui ont été réellement payés. C'est *Câbles.* *Câbles plats.*

	poids.	prix.
Par mètre.	3 k. 826.	6 f. 52
Par pied.	1 273.	2 17

(1) Ce fer *demi-roche* vient de Pesmes (Haute-Saône), tandis que le fer *de roche*, qui se trouve moins cher, est du fer du pays.

(2) Le prix de transport de Paris à Brassac est de 13 f. » c. les 100 kilog.
de Moulins à d°. . . . 5 » les d°.
de Clermont à d°. . . . 2 50 les d°.

Câbles ronds. Pour les machines à molettes, on se sert de câbles ronds que l'on tire de Brassac, où il s'en fabrique beaucoup pour les mariniers qui naviguent sur l'Allier : on les paie 1 fr. 30 c. le kil.

Bennes. Des bennes de deux dimensions sont en usage : les unes contiennent 4, les autres 7 hectolitres. Au reste, elles vont être remplacées par des wagons que l'on exécute en ce moment à Clermont, et qui offriront beaucoup d'avantages. Ce sont des caisses en forte tôle, dont la forme est rétrécie par le bas, pour faire place aux roues dont l'écartement est fixé par la voie du chemin de fer. Qu'on se représente ces caisses posées sur deux essieux auxquels elles sont solidement fixées, de telle sorte que les roues seules soient mobiles : on a les wagons complets (1). Leur contenance est de 7 hect. 1/2. En avant et en arrière, deux grandes boucles, dont je dirai tout à l'heure l'usage, pendent au-dessous, sans cependant toucher le sol. On a vu (p. 45) ces wagons arriver au bas du puits, à la chambre de chargement ; là, au moyen de quatre anneaux placés aux quatre angles supérieurs de la caisse, ils sont attachés à quatre chaînes dont chacune porte un crochet, et qui vont se réunir au câble qui n'a plus qu'à élever sa charge dans le puits.

Wagons.

CHAMBRES DE CHARGEMENT. Les chambres où nous venons de voir opérer cet accrochage, sont un simple élargissement de la galerie de roulage, muraillé ou boisé de telle sorte, que la solidité du puits ne soit en rien compromise. Mais je dois dire un mot des chambres de chargement supérieures, de celles où va être reçu le wagon quand il arrivera au niveau du tunnel. Là, chaque compartiment de l'ouverture du puits est fermé par une porte qui tourne autour d'une charnière horizontale placée à la partie inférieure. Cette charnière est telle, que la porte peut à volonté, soit s'abaisser à plat sur le sol du tunnel, soit s'abaisser dans le puits, où un support fixé à la paroi opposée la soutient. Dans ce dernier cas, on voit que l'on a jeté momentanément

(1) Cent wagons sont commandés dans un atelier de Clermont. On estime qu'ils coûteront 304 fr. chaque.

dans le puits un plancher qui est de niveau avec le sol du tunnel, et il est facile de se représenter que, sur ce plancher, soient fixés deux bouts de rails qui se trouvent verticaux quand la porte est fermée, mais qui se trouvent horizontaux quand la porte forme plancher dans le puits. Il est presque superflu maintenant de dire la manœuvre qui s'exécute quand notre wagon, chargé de houille, arrive à la hauteur du tunnel. Une marque faite au câble annonce au machiniste que le wagon vient de dépasser un peu le niveau du tunnel, et il arrête. Les hommes placés derrière la porte ont entendu ou même vu, par une fente, passer le wagon; ils tirent les verroux qui retiennent la porte, et, au moyen de cordes qui passent sur des poulies, ils l'abattent dans le puits. Au signal donné avec la voix, la machine descend doucement le wagon sur le plancher; les hommes guident de manière que les roues se placent bien sur les rails; ils décrochent le wagon chargé, le tirent dans le tunnel, en substituent un vide, et avertissent que la manœuvre est terminée. La machine élève un peu le wagon vide, la porte se referme pour redevenir une des parois verticales du puits; alors le wagon vide peut descendre, et quand il arrive au fond du puits, un second wagon plein est déjà venu par l'autre compartiment se présenter au tunnel, et ainsi de suite.

ROULAGE EXTÉRIEUR.

Chemin de fer.

Du fond de chaque tunnel part un embranchement de chemin de fer qui va se réunir à une ligne principale prolongée jusqu'au port. Nous savons déjà que ces tunnels ont été percés dans le coteau qu'une petite plaine sépare seule de l'Allier; il était donc facile de construire à peu de frais un chemin de fer qui apporterait une énorme économie. Un mode de construction très-simple a été adopté. Sur des traverses en bois sont fixés des coussinets en fonte qui supportent les rails; ceux-ci sont serrés par une clavette rectangulaire qui entre dans une entaille réservée sur une des faces intérieures du coussinet.

Coussinets.

2,486 coussinets ont pesé 4,400 kil. (9007 liv.), et ont coûté, à 50 f. 50 c. les 100 kil. rendus, la somme de 2,226 fr. 55 c. : c'est, pour

Rails. chaque coussinet, 1 kil. 77 (3 livres 62), et 0 f. 805. — Les rails sont de simples barres de fer plat, qui ont 5m85 (18 pieds) de longueur, 0m07 (2 pouces 1|2) de largeur, et 0m.014 (6 lignes) d'épaisseur.

570 barres ont pesé 32,460 kil., et ont coûté, à 405 fr. la tonne rendue, 13,148 fr. 73 c. : c'est pour chaque rail 56 kil. 30, et 22 fr. 83 c. ; c'est pour chaque mètre de rail 9 kil. 63, et 3 fr. 90 c.

Voie. La voie du chemin de fer est de 0m80 ; son développement est :

Développement.

Dans le tunnel d'Arrest.	80 mètres.
Dans le tunnel la Taupe.	120
A l'extérieur.	1523
Développement total. .	1723

Dépense totale. Il a coûté, tel qu'il est aujourd'hui, 40,078 fr. 70 c., qui peuvent se détailler ainsi :

Achat de terrains		18,000 f. »
Terrassements et maçonnerie . . .		3,500 »
Fers (rails)		13,439 40
Fonte (coussinets) (1)		2,273 30
Bois.	Traverses.	1,000 »
	Coins et chevilles.	57 50
Pose		2,708 50
Somme égale . .		[illegible]0,978 70

ce qui donne par mètre courant 23 fr. 78 c., savoir :

Dépense par mètre courant.

Terrains.	10 44
Terrassements et maçonnerie. . . .	2 4
Fer (rails).	7 80
Fonte (coussinets).	1 32 (2)
Traverses.	» 58
Coins et chevilles.	» 3
Pose.	1 57
Somme égale. . .	23 78

M. Henrys pense qu'il pourra tirer 8,000 fr. des terrains qui lui restent, par suite des acquisitions faites pour installer le chemin de

(1) Ils ne sont encore posés que sur 1,270 mètres.

(2) Cette somme est incomplète, comme cela ressort de l'observation faite à la note (1) ci-dessus. Elle s'élèvera de 1 fr. 80 cent. à 2 fr.

fer. S'il en est ainsi, la dépense totale se trouvera réduite à 32,078 fr. 70 c., et le prix du mètre courant à 18 fr. 58 c.

Au reste, ce chemin de fer n'a encore qu'une voie, et il est indispensable qu'il en ait deux. Nous estimerons plus loin la dépense probable qu'entraînera son achèvement.

MODE D'EMBARQUEMENT.

Port.

Ce chemin de fer amène, comme on voit, les charbons jusqu'à l'Allier, où l'on achève un port pour faciliter leur embarquement. Le port est disposé de manière à protéger, contre les grandes crues, les charbons qui y sont déposés, et on lui donne assez d'étendue pour contenir une équipe complète, c'est-à-dire douze bateaux. Commencée par le gouvernement, qui contribue encore à sa dépense pour 3,000 fr., cette digue a déjà occasionné à la compagnie une dépense de 3,860 fr. On donne 8 fr. du mètre pour l'enrochement, qui est fait avec d'énormes blocs de granit qu'on tire au bord de l'Allier, sur sa rive droite, et qu'on amène dans de petits bateaux.

Il ne me reste plus qu'à dire comment les bateaux seront chargés.

Machine à décharger les wagons.

Une machine très-simple, qui s'avancera au-dessus du bateau en chargement, permettra de faire cette opération avec une extrême facilité. Cette machine consiste essentiellement dans un cadre qui, au moyen d'une manivelle et d'engrenages, peut tourner complétement sur deux tourillons, et qui porte une grosse aiguille en fer placée horizontalement. D'un côté, cette aiguille est fortement fixée à talon sur le cadre; l'autre côté est libre et peut se relever à charnière.

J'ai fait remarquer (page 54) deux grands anneaux qui pendent au-dessous de la caisse des wagons. Quand ceux-ci arrivent à la machine de déchargement, l'aiguille entre dans les deux anneaux, on relève celle de ses extrémités qui tourne à charnière, et on comprend comment alors le wagon et le cadre se trouvent liés invariablement l'un à l'autre. Si maintenant la manivelle est mise en mouvement, le wagon arrive à prendre une position telle que ses roues sont en l'air, et que tout le charbon qu'il contenait s'est déversé dans le bateau.

Si l'on a bien voulu suivre attentivement les détails dans lesquels je suis entré, on aura remarqué que le charbon chargé par le rouleur au fond des travaux se trouve embarqué sans avoir été touché dans tout son trajet. Par l'ensemble des moyens employés, moyens qui sont très-simples, on voit qu'on évite ici tous ces chargements et déchargements qui sont si nuisibles à la plupart des exploitations, puisqu'il en résulte constamment qu'on brise une partie du gros charbon qu'on a obtenu, et qu'on salit plus ou moins le menu.

SECTION III.

RÉSULTATS OBTENUS.

Quand on songe à la date à laquelle ont été commencés les nombreux travaux que je viens de décrire; quand on songe qu'il a fallu, avant de se mettre à l'œuvre, bien étudier et reconnaître son terrain, et qu'en quinze mois tout ce que nous avons passé en revue a été créé, on admettra qu'une rare activité a été déployée; mais on ne s'attendra pas à voir encore de grands résultats obtenus, car *l'extraction* ne fait, pour ainsi dire, que commencer.

Quantités extraites. J'ai laissé complétement de côté le récit des reconnaissances poussées dans les vieux travaux; je ne dirai rien non plus des quantités de houille que ces reconnaissances ont produites, et j'expliquerai plus tard pourquoi (p. 91). Je ne donnerai ici que les quantités extraites à la profondeur où l'on est parvenu maintenant, sans m'inquiéter ni même m'occuper de la faiblesse du chiffre. Au moment de ma visite l'instant de la production n'était pas encore venu pour Arrest, quoique cet instant fût très-prochain, mais, à la Taupe, on tirait du charbon depuis le 22 juin. Voici un tableau que j'ai relevé sur le livre où l'on inscrit l'extraction journalière :

Extraction du puits de la Taupe (soixante jours de travail).

1839.	GROS.		FORGE.		TOTAL.	
	bennes.	hectolit.	bennes.	hectolit.	bennes.	hectol. (1)
Du 22 au 30 juin. . . .	76	301	652	2609	728	2913
Juillet.	539	2597	1915	9834	2454	12431
Du 1er au 24 août. . .	67	469	1671	11697	1738	12166
Du 25 au 31 août. . .	. . . .	. . . .	. . . .	. . . .	. . . .	5114
	682	3370	4238	24140	4920	32624

Il est clair qu'il n'y a aucune conclusion à tirer d'un pareil tableau qui n'exprime rien, si ce n'est que l'extraction est réellement commencée. Au moment de mon séjour à la Taupe, quatre chevaux épuisés élevaient 700 hectolitres par jour de la profondeur de 164 mètres, et malgré ce travail excessif, ils étaient loin de suivre l'abattage, quoiqu'avec treize entailles préparées (voyez page 37), on ne travaillât qu'à cinq. Les galeries étaient encombrées de charbon qui attendait que la machine fût posée pour voir le jour. On ne pourra donc juger rigoureusement l'extraction de ce puits que quand sa machine fonctionnera; mais j'estime à 1,800 le nombre d'hectolitres que celle-ci sortira par vingt-quatre heures, ce qui, pour trois cents jours de travail, donnerait une extraction de 540,000 hectolitres par an.

Si l'on veut admettre que la machine d'Arrest, qui est plus faible, ne tire que 1,500 hectolitres par jour, on aurait pour ce second puits 450,000 hectolitres; d'où il résulte, qu'avec les travaux au-

(1) La double expression en bennes et en hectolitres est nécessitée par la différence de dimension des bennes, qui sont, comme je l'ai dit (p. 54), les unes de 4, les autres de 7 hectolitres.

jourd'hui achevés ou près de l'être, on peut compter sur une production annuelle d'environ un million d'hectolitres. Toutefois, on fera bien, pour éviter les mécomptes, de prendre le 1er janvier 1840 pour point de départ de ces calculs.

Foisonnement.

S'il n'y a pas erreur dans les chiffres qui m'ont été remis, une galerie de 3 mètres sur 3 mètres donnerait à la Taupe par avancement de 2 mètres, c'est-à-dire pour 18 mètres cubes, 340 hectolitres, d'où il faut conclure que le foisonnement ferait presque doubler le résultat du cubage. Un pareil fait semblerait indiquer, pour ce charbon, une grande tendance à se déliter; cependant les mineurs ont beaucoup de peine à l'abattre dans les tailles.

Proportion du gros et du menu.

A en juger par le tableau ci-dessus, on n'obtiendrait guère que 1|8 de gros charbon et 7|8 de menu. Mais je répète, parce que je dois le faire pour être juste, qu'une grande partie du gros charbon était restée dans les galeries, et que les chiffres du tableau, quoique exacts, pourraient aisément conduire à des conséquences fausses. M. Henrys estime qu'il obtiendra 1|5 de gros; la prime qu'il paie (voyez page 51), rendra probablement son estimation juste. En général, on peut reprocher aux houilles grasses du bassin de Brassac d'être très-friables; il semblerait qu'à la profondeur où sont portés les nouveaux travaux de la Taupe, les charbons ont plus de consistance.

Qualité du charbon. *La Taupe.*

Depuis longtemps la qualité du charbon *de la Taupe* est renommée. Je lis dans le rapport rédigé en 1783, par M. l'inspecteur des mines Besson : « On extrait de cette mine (celle de la Taupe) 3,000 « voies de charbon par année, la meilleure qualité du pays. » — En 1788, Legrand d'Aussy disait, en parlant du charbon de la Taupe : « Il « est bon surtout pour la forge et se vend principalement à Paris. » — « L'exploitation de la Taupe, disait M. Berthier en 18.., a été pen- » dant plusieurs années une des plus florissantes du canton, elle pro- « duisait du charbon de la meilleure espèce et tellement recherché, « qu'on le payait à l'extraction, avant même qu'il fût sorti des fosses. »

— Plus tard, M. Gueniveau (1), dans son rapport du 26 février 1819, donne une idée de la réputation de ces charbons dans les termes suivants : « La mine de la Taupe a été longtemps renommée par l'ex- « cellente qualité de houille qu'elle fournissait aux travaux de « la forge ; *on assure* qu'elle se vendait à Paris 10 fr. par voie (2) de « plus que celle de St-Étienne. »

J'ai entendu aussi parler de cette supériorité de prix, mais je ne pourrais rien affirmer à cet égard. Aux témoignages nombreux et désintéressés que je viens de produire, il serait certainement superflu d'y ajouter le mien, si une circonstance particulière ne le rendait nécessaire. M. l'ingénieur Gueniveau, dans son premier rapport, celui du 22 janvier 1819, après avoir parlé avec beaucoup d'éloges des charbons de la Taupe, ajoute : « La qualité était beaucoup moindre dans la profondeur. » En parlant ainsi, M. Gueniveau n'exprimait point une opinion, il n'entendait reproduire qu'un *on dit*, puisqu'en 1819 les travaux de la Taupe étaient fermés depuis longtemps. Ce que je puis affirmer, c'est que les travaux qui viennent d'être poussés à 200 mètres ne vérifient nullement ce mauvais augure ; les couches dans lesquelles l'exploitation vient d'être ouverte à la Taupe confirment au contraire l'ancienne réputation de celles qui ont été attaquées plus près du jour.

Le charbon qu'elles donnent n'est pas sans analogie, quant à l'aspect, avec les charbons gras de Belgique. Il est brillant, très-peu sulfureux, il n'est pas remarquablement léger ; l'hectolitre ras de menu pèse 85 kilog. (3) ; on distingue, dans les morceaux, beaucoup

(1) M. Gueniveau avait succédé à M. Berthier comme ingénieur des mines de la Haute-Loire.

(2) Il est bien probable que M. Gueniveau entend parler ici la voie de Paris ; en tout cas :

La *voie* de Paris est de.	15	hectolitres.
Celle d'Auvergne.	20	d°.
Celle d'Andrezieux et Saint-Etienne. . .	30	d°.

(3) C'est aussi le poids que lui avaient trouvé MM. Blavier et Duhamel en 1802 (*Journal des Mines*, t. XI, p. 412.)

de ces filets un peu ternes, qui s'écrasent sous l'ongle comme du charbon de bois très-fin, et qui sont si souvent l'indice de la houille grasse.

L'analyse en a été faite par M. Gauthier de Claubry qui, par quatre genres d'essais différents, a obtenu :

Coke. . . . 74. . 78. . 80. . 84

deux expériences faites pour déterminer la proportion de cendres lui ont donné :

Cendres. . . . 7. . 7,50

Ces cendres contenaient, pour cent de houille :

Alumine.	4	»
Oxide de fer..	1	86
Chaux.	0	72
Soufre	0	83
	7	41

Par la distillation successive dans une cornue et dans un tube, M. Gauthier de Claubry a recueilli :

Bitume. . . . 10. . 10,50

Et enfin, un kilogramme distillé a donné 253 litres 1/2 de gaz. On sait que le maximum de ce qu'on obtient en grand est 250 litres; généralement c'est 180 à 200 litres.

En rassemblant ces divers éléments, et en prenant une moyenne, on a pour la houille de la Taupe :

Charbon.	71,5
Cendres.	7,5
Matières volatiles. . . .	21,»
	100,»

Résultats qui s'accordent bien avec ceux d'une analyse connue des houilles grasses de Fondary, et qui ont été :

Charbon.	71,50
Cendres.	7,20
Matières volatiles. . . .	21,30
	100,»» (1)

(1) *Traité des essais par la voie sèche*, par M. Berthier, t. I, p. 331. In-8, Paris, 1834.

J'emprunterai au même ouvrage les analyses des houilles grasses les plus renommées pour que chacun puisse comparer.

	ANZIN.	ALAIS.	RIVE-DE-GIER.	GLAMORGAN.	NEW-CASTLE.	DOUR PRÈS MONS.
Charbon.	71,5	68,»	66,5	77.7	76,»	71,5
Cendres.	3,5	10,4	2.»	2.7	5.4	5.2
Matières volatiles.	25,»	21 6	31.5	19.6	18,6	23,3
	100 »	100 »	100 »	100 »	100 »	100 »

J'ai fait fabriquer du coke dans un petit four qui a été construit pour ce genre d'essais près de la machine d'Arrest. La quantité enfournée n'a été ni mesurée ni pesée; je désirais seulement constater la qualité du coke. Cette expérience, comme on pouvait s'y attendre, a été très-satisfaisante; le coke obtenu s'est trouvé excellent; mais ce qui m a surtout frappé, c'est que, bien que la houille eût été enfournée à froid, l'opération s'est trouvée complétement terminée au bout de huit ou dix heures.

Je n'ai vu les charbons d'Arrest que dans les tailles; à l'œil, dans les galeries, ils ne m'ont semblé présenter aucune différence avec ceux de la Taupe; il paraît cependant qu'il en existe. *Arrest.*

Deux expériences faites par M. Gauthier de Claubry, pour déterminer la proportion de coke, ont donné :

Coke. . . . 70. . 84

On y a trouvé, comme dans ceux de la Taupe :

Cendres. . . . 7 et 7,5

Ces cendres contenaient, pour cent de houille :

Alumine et oxyde de fer	4 97
Chaux.	0 79
Soufre.	1 44
	7 20

Jusque-là, les différences ne sont pas très-grandes; mais à la distillation on n'a obtenu que :

Bitume. 2,80

et 1 kilogramme n'a fourni que :

Gaz . . . . . . 195 litres.

On aurait donc, pour le charbon d'Arrest :

Charbon.	70	»
Cendres.	7	25
Matières volatiles. . .	22	75
	100	»

Cette infériorité dans la proportion du bitume se fait sentir au travail de la forge; car les maréchaux placent le charbon de la Taupe fort au-dessus de celui d'Arrest, bien que ce dernier puisse être donné aussi comme une très-bonne houille propre à tous les usages. Il n'est pas impossible que le voisinage de la faille soit pour quelque chose dans la différence observée; et il ne faut pas perdre de vue que nous comparons ici les charbons d'Arrest avec des charbons qui sont en première ligne pour la forge.

Grigues. Je ne connais pas les charbons de Grigues, mais il résulte des anciens rapports, qu'on n'établissait aucune différence entre eux et ceux de la Taupe.

Prix de revient au port. La faiblesse de l'extraction et les travaux de création qui s'exécutent en même temps que ceux d'extraction, empêchent de déduire de la comptabilité un prix de revient rigoureusement calculé; mais un relevé fait du 1er juillet au 24 août, c'est-à-dire pour quarante-sept jours de travail, permet de donner un chiffre approximatif.

Dans ces quarante-sept jours, on a tiré à la Taupe 24,597 hectolitres de charbon (voy. p. 59), et on a dépensé :

Pour l'abattage.			2,215 71
Boisage { 4 boiseurs à 2 fr. 50.	470 »		2,556 96
Boisage { Bois.	2,086 96		
Roulage intérieur, douze hommes à 2 fr.			1,128 »
Chargement et déchargement des bennes et des wagons, dix hommes à 1 fr. 50.			705 »
Roulage extérieur jusqu'au port, un cheval 3 fr., un homme 2 fr.			235 »
Triage et déchargeage { 3 trieurs de roc à 1 fr. . . .	3 »	9 16	430 52
{ 3 hommes à 1 fr. 50.	4 50		
{ Le garde-magasin, 1 fr. 66. .	1 66		
Directeur, contre-maître, maître machiniste, caissier, commis, surveillant, maîtres mineurs, commissionnaire, garde-magasin, maréchaux, charretiers, garçon d'écurie (*voy. p.* 52), 91 fr. 36, en calculant sur trois cents jours de travail. Pour quarante-sept jours 4,293 fr. 92. La moitié pour le puits de la Taupe . .			2,146 96
Ensemble. . . .			9,418 15

Ce qui donne par hectolitre 0 fr. 383, qui peuvent se détailler ainsi :

Abattage.	0 f. 090 (1)
Boisage.	0 104
Roulage intérieur.	0 046
Chargement et déchargement. . .	0 028
Roulage extérieur.	0 009
Triage et déchargement au port. .	0 018
Frais généraux.	0 088
Somme égale. . .	0 383

Les seules choses négligées ici sont bien minimes; car il ne resterait à ajouter qu'un article comprenant la consommation de la machine, l'entretien des bâtiments, les frais de bureau, de port de lettres, de voyages, les impositions et redevances; mais si l'on considère que j'ai fait mon calcul sur les dépenses occasionnées par 25,000 hectolitres extraits dans les circonstances défavorables d'un commencement d'exploitation, on admettra que le chiffre de 0 fr. 38 c. doit représenter assez approximativement le prix de revient d'un hecto-

(1) Ce chiffre est probablement plus près de la vérité que celui de la p. 51.

litre de charbon à la Taupe. Si enfin on voulait porter ce chiffre à 0 fr. 40 c., on aurait le même prix qu'à Saint-Étienne, avec cette différence énorme, qu'à Saint-Étienne, c'est le prix de revient d'un hectolitre au bord du puits, et qu'ici c'est le prix de revient d'un hectolitre *versé dans le bateau.*

CHAPITRE II.

CONSIDÉRATIONS ÉCONOMIQUES.

Après avoir fait connaître la concession de Grigues et la Taupe, sa richesse, la qualité de ses produits et leur prix de revient ; après avoir décrit les travaux d'art entrepris pour exploiter sur une grande échelle les profondeurs de ce sol si longtemps grapillé ; il me reste à entrer dans des considérations qui ne sont pas moins sérieuses que celles qui se rattachent à la perfection de l'art, car quand on a produit, la moitié de la tâche est seulement accomplie, il faut écouler. Je diviserai en deux sections ce que j'ai à dire sur la position commerciale de la concession de Grigues et la Taupe, et sur sa position financière.

SECTION I.

ASPECT COMMERCIAL.

Prix de vente. Le tableau d'extraction ne nous a présenté (p. 59) que deux divisions du produit obtenu, *le gros* et *le menu* ou *forge;* mais arrivé au port, le charbon est partagé en cinq qualités, sans compter la *chaussine* (1).

(1) On donne vulgairement ce nom, dans le bassin de Brassac, aux charbons secs, aux charbons provenant de vieux travaux, ou encore à ceux qui seraient très-mêlés de schiste. Le nom qui a été donné à tous ces charbons inférieurs

1° On distingue d'abord, sous le nom de *mottes*, les plus gros morceaux. On les vend 3 fr. l'hectolitre, ou 4 fr. les 100 kilogrammes. On ferait mieux de ne les vendre qu'au poids.

2° *Le rondelet;* ce sont des morceaux qui ont, au plus, la grosseur de la tête. On le vend 1 fr. 75 c. et 2 fr. l'hectolitre, ou 35 à 40 fr. la voie.

3° *La gaillette;* ce sont des morceaux de la grosseur du poing. Prix : 1 fr. 50 c. l'hectolitre, ou 30 fr. la voie.

4° *Menu gailleteux* ou *bas du tas*. Ainsi nommé parce que c'est en effet le bas des tas de menu. Prix : 1 fr. 25 c. l'hectolitre, ou 25 fr. la voie.

5° *Le menu* ou *forge*. On le vend en gros 1 fr. l'hectolitre; en détail, 1 fr. 10 c.; ou 20 et 22 fr. la voie.

Enfin la *chaussine* se vend 0 fr. 70 c. l'hectolitre, et le *rocher charbonneux* se vend, pour le chauffage, jusqu'à 15 et 20 fr. la voie (20 hectolitres).

Ces prix sont extrêmement élevés sans doute (1), mais les mines du bassin de Brassac sont placées de manière à être à l'abri de toute concurrence dans un rayon assez étendu, et la qualité du charbon de la Taupe a fait, qu'à peine extrait, le débit en a commencé, comme on en peut juger par le tableau suivant : Vente.

provient de ce qu'on ne les emploie guère que pour la cuisson de la *chaux* [a]. Les houilles sèches de Fresnes et de Vieux-Condé, qui sont de même nature, sont employées au même usage [b].

(1) Dans son rapport de 1783, l'inspecteur des mines Besson ne parle pas de toutes ces distinctions; il dit simplement qu'on vendait 20 fr. la voie, prise au port de Brassaget.

[a] *Collection* IN-FOLIO *des Arts et Métiers de l'Académie*, première partie, section XIII, p. 157. Paris, 1778.

[b] *Annales des mines*, t. II, p. 484; 3me série. — *Traité des essais par la voie sèche*, par M. Berthier, t. I, p. 345. In-8, Paris, 1834.

TABLEAU *de la vente des charbons de la Taupe.*

1839.	GROS.			FORGE.			TOTAL.	
	NOMBRE d'hectol.	PRIX.	MONTANT.	NOMBRE d'hectol	PRIX.	MONTANT.	NOMBRE d'hectol.	MONTANT.
		f. c. f.	f. c.		f. f. c.	f. c		f. c.
Juillet.	8	1 75 et 3	16 50	5792	1 et 1 25	5,811 50	5,800	5,828 »
Août.	797	1 50 et 2	1,228 50	7498	Idem	7,601 70	8,295	8,830 20
	805		1,245 »	13,290		13,413 20	14,095	14,668 20

Conditions de la vente. Les conditions de la vente en gros sont à six mois de terme.

Bénéfice. Il résulte du tableau précédent que les charbons se sont vendus moyennement sur place 1 fr. 04 c., et en comparant ce prix avec le prix de revient, on voit qu'il reste l'énorme bénéfice de 60 à 65 c. par hectolitre. Mais cette vente sur place aura-t-elle une grande importance?

Consommation locale.

	quintaux métriques.	hectolitres.
En 1837 le département de l'Allier a consommé.	296,200 (1)	370,250
Le département du Puy-de-Dôme. . . .	213,600 (2)	267,000
	509,800	637,250
Dans la consommation de l'Allier, le bassin de Brassac figurait pour.	30,000	37,500
Dans celle du Puy-de-Dôme pour. . . .	183,000 (3)	228,750
	305,000	266,250

(1) *Résumé des travaux statistiques de l'Administration des mines pendant l'année* 1838, p. 27. In-4 de l'Imprimerie royale, 1839.

(2) *Ibid.*, p. 79.

(3) Voyez page 16 de ce Rapport.

Et il est permis de croire que la supériorité des charbons de Grigues et la Taupe doit attirer à cet établissement une partie importante de cette fourniture. Les chiffres de 1838 ne me sont pas encore connus, mais la consommation est incessamment croissante, et je ne doute pas qu'ils soient plus forts.

En dehors de cette vente locale, les mines de Grigues et la Taupe ont, par l'Allier et la Loire, des débouchés de premier ordre, notamment Paris et Nantes. On peut envisager ces mines par rapport aux houillères voisines et par rapport aux houillères ouvertes dans d'autres bassins. Pour les premières, je ferai remarquer que la *Concession de Grigues et la Taupe* est limitée, sur une grande étendue, par le cours même de l'Allier (1), et qu'elle se trouve ainsi, dans le bassin de Brassac, une des mieux placées pour exporter ses produits. Quant aux secondes, la question est plus sérieuse, et avant de chercher à mesurer la concurrence que la Taupe peut leur faire sur les places importantes que j'ai nommées, il convient de parler du régime de l'Allier. Débouchés.

L'Allier prend sa source dans la forêt de Mercoire, département de la Lozère. Il commence à être flottable près de Saint-Arcoul, un peu au-dessus de Langeac, et dix lieues plus bas, à Fontanes, près Brioude, il devient navigable sur 241 kilomètres de développement, depuis ce village de la Haute-Loire jusqu'au Bec-d'Allier (6,000 mètres au-dessous de Nevers), point où cette rivière se jette dans la Loire. Les bateaux en usage sur l'Allier ont, suivant M. Dutens, 10^{m} à 20^{m}25 de longueur (2), de 2^{m} à 4^{m}50 de largeur, et tirent 0^{m} 40 à 1^{m} d'eau. Régime de l'Allier.

(1) Le puits d'*Arrest* n'est qu'à 1,600 mètres de l'Allier, en suivant le chemin de fer qui conduit au port. Le puits de *Grigues* à 1,200, et le puits de *la Taupe* à 850 mètres seulement.

(2) Nous allons voir, dans un tableau placé ci-après (p. 72), que la plus grande partie des bateaux ont 22 mètres de longueur.

Les lieux de commerce les plus importants établis sur l'Allier sont : Grigne, Parentignac, Pont-du-Château, Moulins et le Veurdre.

On construit un grand nombre de bateaux au port de Chappe, à celui de Brassac et à Jumeaux. Les bateaux ne remontent pas l'Allier à cause de la rapidité de cette rivière, dont la pente est moyennement de 2^{m} 66 par 1000 mètres. On augmente leur charge à mesure qu'ils descendent, et on les dépèce à Paris (1). M. Ravinet donne (2) pour la pente des eaux de l'Allier, 1^{m} 66 par 800 mètres, ce qui fait 2^{m}07 par 1000 mètres, ou 8^{m} 28 par lieue.

La navigation de l'Allier est difficile, ou plutôt elle est très-intermittente. En 1825, la baisse des eaux fut telle, que 700 bateaux de charbon purent à peine prendre voie, tandis qu'en 1826 les crues ayant été, au contraire, de longue durée, le nombre des bateaux employés au transport de ce combustible s'est élevé à près de 2,300. « C'est d'après un état de choses aussi nuisible au développement de « la prospérité du département du Puy-de-Dôme, dit M. Dutens (3), « que des ordres furent donnés en 1822 pour procéder à la recon- « naissance des lieux, et que plusieurs opérations de nivellement ont « été faites le long de l'Allier depuis Jumeaux, au confluent de l'A- « lagnon, jusqu'au-dessous de Clermont, et que plusieurs mémoires « ont été rédigés pour faire voir la possibilité de remplacer la navi- « gation de l'Allier par celle d'un canal qui serait dirigé sur la rive « gauche de cette rivière, depuis ce point jusqu'au Bec-d'Allier, sur « une longueur d'environ 200,733 mètres (50 lieues). »

A une époque où la houille joue un si grand rôle et influe avec

(1) *Histoire de la navigation intérieure de la France*, par M. Dutens, t. I, p. 30. In-4, Paris, 1829.

(2) *Dictionnaire hydrographique de la France*, par Ravinet, t. I, p. 8. In-8, Paris, 1824.

(3) *Histoire de la navigation intérieure de la France*, t. II, p. 35. In-4, Paris, 1829.

tant de puissance sur la prospérité des peuples, le gouvernement pourrait voir dans la richesse du bassin de Brassac, dans l'importance des travaux qui s'y exécutent aujourd'hui, des motifs suffisants pour reprendre l'étude du canal latéral à l'Allier, et pour pousser son exécution avec vigueur. Le commerce entier de l'Auvergne devrait encore à la houille un bienfait qu'il appelle depuis longtemps de ses vœux, et que l'Administration ne peut plus lui refuser, car ce bienfait ne serait qu'un acte de haute justice.

L'irrégularité de la navigation de l'Allier est donc bien connue. Tantôt les eaux sont trop basses pour porter bateau; tantôt, gonflée par la fonte des neiges de la Lozère et de l'Auvergne, cette rivière roule un volume d'eau énorme, et la violence de son courant empêche la navigation devenue dangereuse. Toutefois, il ne faut pas s'exagérer les difficultés, et, malgré les variations de l'Allier, il se fait chaque année sur son cours un commerce de transport considérable. Le tableau suivant (1) va nous permettre d'en apprécier l'importance en même temps qu'il nous mettra, jusqu'à un certain point, à même de mesurer l'inconstance de cette rivière.

Ce tableau est le résumé d'un registre tenu jour par jour au pont de Moulins, sous la surveillance de l'ingénieur en chef des ponts et chaussées, auquel j'en dois l'obligeante communication. J'ai obtenu la première colonne en additionnant les hauteurs d'eau de chaque jour et en divisant la somme par le nombre de jours de chaque mois. Ce registre donne, en outre, la nature des marchandises que porte chaque bateau de vingt-deux mètres. Je n'ai noté, dans ma dernière colonne, que le nombre des bateaux chargés de charbon.

(1) J'aurais désiré le donner plus complet, mais la suite ne m'est pas encore parvenue.

Résumé par mois du Mouvement de la Navigation de l'Allier devant Moulins

(A partir du 1er janvier 1835 jusqu'au 1er octobre 1836).

ANNÉES ET MOIS.	HAUTEURS MOYENNES (par mois) de l'Allier, AU-DESSUS DE L'ÉTIAGE.	BATEAUX DESCENDUS.				trains	PRODUITS DES DROITS DE NAVIGATION.		NOMBRE DE BATEAUX de charbon.
		de 22 mètres de longueur.	de 15 à 22 mètres.	de 15 mètres.	au-dessous de 10 mètres.		f	c.	
1835 Janvier	0 649	31	»	»	10	»	708	86	17
Février	0 886	130	1	1	37	14	3,628	02	58
Mars.	0 778	197	»	»	42	12	4,725	02	113
Avril.	0 403	48	»	»	12	7	1,287	50	1
Mai.	0 778	202	1	2	40	21	4,824	78	85
Juin.	1 047	177	»	»	31	9	3,637	66	111
Juillet.	0 350	89	1	»	21	11	1,832	84	20
Août.	0 445	56	1	»	9	2	1,182	28	9
Septembre. . .	0 480	36	»	»	11	3	731	50	7
Octobre. . . .	0 892	177	1	»	31	7	3,818	46	114
Novembre. . .	0 478	57	1	»	14	6	1,416	99	»
Décembre. . .	0 777	68	3	»	19	3	1,337	06	30
Totaux de 1835. . .	. . . .	1268	9	3	277	95	29,130	97	565
1836 Janvier. . . .	0 593	67	1	»	17	4	1,622	52	37
Février. . . .	0 639	58	1	»	14	11	1,582	»	18
Mars.	1 133	170	2	»	39	17	4,519	46	107
Avril.	0 892	193	1	»	40	7	4,018	64	113
Mai.	0 691	146	1	»	34	16	3,316	11	88
Juin.	0 112	35 (a)	»	1	9	6	745	54	4
Juillet.	0 167	13	»	»	2	»	228	46	»
Août.	0 007	7	»	»	6	»	157	58	»
Septembre . .	0 133	25	»	»	28	21	1,176	82	12
Totaux de 1836. . .	. . . .	723	6	1	189	82	17,397	13	379
Totaux de 21 mois.	. . . .	1991	15	4	466	177	46,528	10	944

(a) Dont 19 vides.

Il résulte de ce tableau que les variations de l'Allier sont grandes, en effet, puisque sur 21 mois, il y en a 5 où la navigation a été nulle, ou pour ainsi dire nulle; mais enfin il reste 16 mois dans lesquels elle a été possible, et 8 mois, c'est-à-dire $\frac{1}{2.625}$ du temps, pendant lesquels elle a été active. Il résulte encore de ce tableau que 1ᵐ30 à 1ᵐ60 qui avait été donné (1) pour la hauteur d'eau au-dessus de l'étiage la plus favorable à la navigation de l'Allier, n'est pas très-exact; car s'il est vrai qu'en mai 1835 vingt-neuf bateaux aient passé avec une hauteur d'eau de 1ᵐ30, s'il est vrai que le 3 mars de la même année trente-quatre bateaux aient passé avec une hauteur de 1ᵐ40, il est vrai aussi que le 12 mars 1835 *quarante-huit* bateaux, dont quarante-cinq chargés de charbon, ont passé avec une hauteur d'eau de 0ᵐ80 (2).

« Quoique le nombre des bateaux soit considérable, disait en 1797 « l'auteur d'une statistique de l'Allier, et quoique ce nombre an- « nonce une navigation active, il pourrait augmenter sans doute, « si l'exploitation des mines, les fabriques, la culture, augmen- « taient elles-mêmes dans les départements que l'Allier arrose, et si « le goût du commerce y devenait plus général (3). »

En ce moment la fabrication des bateaux à Brassac est de quinze à dix-huit cents, sur lesquels on peut en compter douze cents (4)

(1) *Journal des Mines*, tomes V-VI, page 122.

(2) Ces détails ne ressortent pas du tableau même, mais des éléments qui m'ont servi à le dresser, et qui consistaient dans un relevé fait jour par jour.

(3) *Journal des Mines*, tomes V-VI, page 122.

(4) J'ai un moyen très-simple de vérifier ce chiffre qui m'a été donné par M. Gannat, et de montrer qu'il est parfaitement juste.

On a vu (page 16) que le bassin de Brassac a livré en 1837.	567,500 hect.
et qu'il en est resté dans la Haute-Loire	87,500
On a donc expédié par l'Allier. . .	480,000 hect.

Or, 1,200 bateaux emportant chacun 20 voies de 20 hectolitres donnent pré-

employés au transport des charbons pour Paris ou la Basse-Loire. Ce nombre est-il susceptible d'augmentation? Je ne saurais avoir, on le conçoit, d'opinion personnelle sur une pareille question. J'ai consulté, à ce sujet, deux des mariniers les plus expérimentés, et ils se trouvent d'un avis contraire. M. Gannat m'a répondu négativement; M. Bardy pense au contraire qu'au prix de 36 francs la voie (prix actuel) (1) on peut transporter des quantités beaucoup plus considérables que celles que l'on transporte habituellement, et comme il s'en charge personnellement, une opinion ainsi émise est toujours d'un grand poids.

Je terminerai ce que je voulais dire de l'Allier en observant que la plus grande difficulté de la navigation n'est pas entre Brassac et Pont-du-Château, c'est-à-dire dans la partie où la rivière est resserrée entre les roches, mais bien entre Pont-du Château et Moulins, dans la partie où le lit de la rivière s'élargit.

Examinons maintenant avec soin les conditions du transport sur les différents points, et disons les concurrences principales qui se rencontrent sur chaque place.

PARIS. Les charbons du bassin de Brassac peuvent arriver facilement à Paris en descendant par l'Allier dans la Loire, et passant de la Loire dans la Seine, par les canaux de Briare et de Loing. Le trajet à parcourir est :

	kilomètres.	lieues.
De Brassac au Bec-d'Allier.	220	55
Du Bec-d'Allier à Briare.	188	47
Canal de Briare (40 écluses).	55	13 3/4
Canal de Loing (31 écluses).	53	13 1/4
Sur la Seine.	92	23
	608	152

cisément 480,000. Il résulte de là que tous les bateaux seraient partis avec charge entière.

(1) 30 à 40 bateaux viennent d'être marchandés au prix de 34 fr. la voie; je conserverai néanmoins le prix de 36 fr. En fait de *prix de revient*, je cherche toujours à donner un *maximum* plutôt qu'un *minimum*.

Des voituriers par eau se chargent de ce transport à leurs risques et périls; ils achètent des coupes de bois, construisent les bateaux dont la fourniture entre dans leurs marchés, et peut-être font-ils plus encore un commerce de bois qu'un commerce de transport. Ils disent que cette année un bateau leur revient à 345 fr. En général, un maître marinier emmène une *équipe* composée de douze bateaux, et, sauf le cas d'accidents graves, on compte vingt-cinq à quarante jours pour arriver à Paris (1). Chaque bateau contient 20 voies (2) ou 400 hectolitres ou 32,000 kilog. L'inspecteur des mines Besson disait, dans son rapport rédigé en 1783 : « Par les derniers mar- « chés faits en 1783 par le sieur Vilmar, marchand de charbons à « Paris, la voie a coûté 36 fr. du port de Brassaget à Paris. » Encore aujourd'hui 36 fr. est le prix de transport d'une voie (3); et pour bien se rendre compte de ce qui se passe, il faut considérer deux bateaux cheminant ensemble, ce que je vais faire. Prix du transport.

Deux bateaux partant ensemble contiennent 40 voies qui, à 36 fr. l'une, donnent	1,440 fr. »» c.
En un point plus ou moins rapproché, mais quelquefois à Briare seulement, suivant les eaux, un des deux bateaux est versé dans l'autre, et le bateau qui reste vide est revendu, pour le compte de l'exploitant, à un prix qui varie de 160 à 200 fr., soit. .	180 »»
A reporter. . . .	1,260 fr. »» c.

(1) *Enquête sur les houilles*, page 350, n° 729; *in-quarto*, de l'Imprimerie royale, 1833.

(2) On est quelquefois obligé de partir avec une charge moindre que 20 voies par bateau; on part même à 10 voies dans certains cas.

(3) On sait que depuis 15 ou 18 mois les droits de navigation établis par la loi du 30 floréal an x (20 mai 1802) ont été diminués des trois quarts. Les mariniers ont donc pu baisser le prix de leur fret, prix dans lequel ces droits sont compris, et l'on a vu à la page précédente, note (1), qu'en effet un marché vient d'être passé à 34 fr.

D'autre part. . . . . . . 1,260 fr. »» c.

Suivant un usage établi, l'exploitant donne, pour loyer du bateau qui arrive à Paris, chargé de 800 hectolitres, le prix de transport d'une voie de charbon, ou . . . . 36 »»

On a donc en tout . . 1,296 fr. »» c.

Ce qui porte à 1 fr. 62 c. le prix du transport d'un hectolitre.

Prix de revient. Nous avons estimé (page 66) le prix de revient d'un hectolitre de charbon de la Taupe à 0 fr. 40 c. *versé dans le bateau;* nous avons donc tous les éléments nécessaires pour calculer le prix de revient à Paris.

Charbon de la Taupe.

	HECTOL. (80 kilog.)	TONNE (1000 kil.)	VOIE D'AUVERGNE (20 hectol.)	VOIE DE PARIS (15 hectol.)
Prix de revient dans le bateau..	0 f. 40	5 f. »	8 f. »	6 f. »
Prix de transport à Paris. . . .	1 62	20 25	32 40	24 30
Octroi de Paris (1).	0 33	4 125	6 60	4 95
Mesurage.	0 053	0 66	1 06	0 80
Prix de revient dans Paris. . .	2 413	30 035	48 06	36 05

Il nous reste maintenant à comparer ces prix avec ceux de quelques autres localités; mais auparavant il convient de jeter un coup d'œil

(1) En janvier dernier ce droit, qui était de 8 fr. 25 c. par voie, ou 0 fr. 55 c. par hectolitre, a été abaissé à 4 fr. 95 c. par voie, ou 0 fr. 33 c. par hectolitre.

sur l'importance de la consommation de Paris. Cette consommation va croissant dans une proportion assez rapide. Consommation.

	quintaux métriques.	hectolitres.
En 1818 elle a été de . . .	470,000 (1)	587,500
En 1820.	513,797	642,616
En 1825.	748,073 (2)	935,091
En 1830.	984,000 (3)	1,230,000
En 1837.	1,118,181 (4)	1,397,726

Et si l'on comprend tout le département de la Seine, on a eu en 1837 :

	quintaux métriques.	hectolitres.
Pour Paris	1,118,181	1,397,726
Pour la banlieue.	386,568	483,210
	1,504,749	1,880,936

qui provenaient de neuf origines différentes dans les proportions suivantes :

	quintaux métriques.	hectolitres.
Houille du bassin de Mons à Liége.	555,000	693,750
— de la Loire . . .	279,215	349,019
— de Valenciennes.	277,380	346,725
des bassins de la Gde-Bretage.	133,283	166,604
du bassin de Brassac . . .	114,000	142,500
— de Blanzy . . .	50,000	62,500
— de Fins. . . .	42,871	53,588
— d'Épinac. . . .	40,000	50,000
— de Decize.. . .	13,000	16,250
	1,504,749	1,880,936

Ce tableau que j'emprunte aux documents officiels publiés par l'Administration, montre aux exploitants de Brassac que leur véri-

(1) *Mémoire sur la nécessité de modifier la législation des douanes en général, et en particulier les lois sur les houilles;* par A. Pichault de La Martinière. Tableaux Aux et B. Brochure *in-quarto*, Paris, 1832.

(2) Ce chiffre et le précédent sont empruntés à l'*Enquête sur les houilles*, p. 6, aux notes ; *in-quarto*, de l'Imprimerie royale, 1833.

(3) *Ibid.*, p. 232.

(4) *Résumé des travaux statistiques de l'Administration des mines en* 1838, pages 86 et 87 ; *in-quarto*, de l'Imprimerie royale, 1839.

table concurrence, sur la place de Paris, est au Nord; et ils doivent travailler avec d'autant plus d'ardeur à activer leurs moyens d'expédition que, sous le rapport de la distance à Paris, ils ont un désavantage marqué, comme cela ressort du tableau suivant :

Distances de ces bassins à Paris.

		kilomètres.	lieues.
Bassin de Valenciennes	Aniche.	300	75
	Anzin.	323	80 3/4
de Decize.		325	81 1/4
de Mons.		340	85
de Fins.		377	94 1/4
d'Épinac		387	96 3/4
de Blanzy.		437	109 1/4
de Saint-Étienne.		548	137
de Brassac.		608	152

Il ne faut cependant pas se hâter de tirer de ces chiffres une conséquence fâcheuse; le point le plus important n'est pas la distance, c'est, en définitive, le prix de revient à Paris : je vais essayer de l'établir pour Saint-Étienne et pour le Nord.

Concurrence avec Saint-Étienne.

Nous venons de voir que la distance à parcourir de Saint-Étienne à Paris était de 548 kilomètres; cette distance se décompose ainsi :

	kilomètres.	lieues.
De Saint-Étienne à Andrezieux	18	4 1/2
D'Andrezieux à Roanne.	80	20
De Roanne à Briare.	250	62 1/2
De Briare à Paris (1).	200	50
	548	137

Le trajet à Andrezieux se fait nécessairement par un chemin de fer qui a 18 kilomètres de développement, et dont le tarif réduit est de 0 fr. 18 c. par tonne et par kilomètre. Parvenus à Andrezieux, les charbons peuvent arriver à Roanne, soit par la Loire, soit par un second chemin de fer qui a un développement de 67,796 mètres (16 lieues $\frac{3}{4}$) et dont le tarif est, à la descente, de 0 fr. 15 c. par

(1) J'en ai donné le détail page 74.

tonne et par kilomètre. Cette dernière voie étant beaucoup plus chère, je supposerai que les charbons prennent la Loire à Andrezieux; j'ai alors :

Charbon de Saint-Étienne.

	HECTOL (80 kilog.)	TONNE (1000 kil.)	VOIE D'ANDREZIEUX (30 hectol.)	VOIE DE PARIS (15 hectol.)
Prix de revient dans le wagon..	0 f. 40	5 f. »	12 f. »	6 f. »
Transport à Andrezieux (1). . .	0 173	2 1625	5 19	2 595
Transport d'Andrezieux à Paris.	2 16	27 »	64 80	32 40
Octroi de Paris.	0 33	4 125	9 90	4 95
Mesurage.	0 053	0 6625	1 59	0 80
Prix de revient dans Paris . . .	3 116	38 95	93 48	46 745

En comparant ce tableau avec celui de la page 76, il en résulte qu'à qualité égale, les charbons de la Taupe ont, à Paris, sur ceux de Saint-Étienne, un avantage de :

0 fr. 703 par hectolitre
8 915 par tonne.
10 695 par voie.

Ajoutons que la haute Loire est d'une navigation au moins aussi difficile que celle du haut Allier. En ce moment même le port

(1) Je suppose un parcours moyen de 12 kilomètres. C'est faire la part large, surtout en ne comptant rien pour le transport que beaucoup de mines ont à effectuer pour arriver au chemin de fer.

d'Andrezieux est encombré de 1,500,000 hectolitres qui y sont déposés depuis plus d'un an sans pouvoir partir, et dans cet espace de temps la navigation de l'Allier a eu une certaine activité. On compte, moyennement, que la haute Loire n'est navigable que pendant quarante à cinquante jours par an (1) ; il faut doubler ou peut-être tripler ces chiffres pour l'Allier. En admettant, ce qui n'est pas, que les deux concurrents soient, sous ce rapport, dans une position égale, il reste, à l'avantage de Grigues et la Taupe, l'énorme différence de prix que j'ai mise en saillie.

Concurrence avec le Nord

La concurrence avec le Nord est bien plus sérieuse. J'ai pris auprès de M. Dehaynin, un des négociants de Paris qui fait le plus grand commerce de charbons du Nord, les renseignements nécessaires pour établir mes comparaisons. Il n'a pu me fournir le *prix de revient* sur la fosse, mais seulement les *prix d'achat*. Ces prix sont pour les charbons de Mons (2) :

Mons.

gailleties.	gailleteries.	fines.
1 fr. 65 c.	1 fr. 45 c.	0 fr. 75 c.

Je crois estimer bas en évaluant le prix de revient à 0 fr. 65 c.

Quant au fret, il varie dans la proportion presque incroyable de 1 fr. 20 à 3 fr. 50 par hectolitre ; mais comme il est, en ce moment, de 1 fr. 25, je n'ai porté que ce chiffre, quitte à observer que c'est *un minimum*. Dans des circonstances favorables un bateau arrive de Mons à Paris dans un délai de trente-cinq à quarante jours. En rassemblant ces divers éléments, on dresse le tableau suivant :

(1) *Enquête sur les houilles*, page 350, n° 730 ; *in-quarto*, de l'Imprimerie royale, 1833.

(2) On achète à deux mois de terme, ou au comptant, sous remise de 1 pour cent.

Charbon de Mons.

	HECTOLITRE. (80 kilog.)	TONNE. (1000 kilog.)	VOIE DE PARIS. (15 hectol.)
Prix de revient sur la fosse.	0 f. 65	8 f. 125	9 f. 75
Transport de la fosse au rivage. . . .	0 04	0 50	0 60
Droits de douane à la frontière (1). .	0 14	1 75	2 10
Fret actuel.	1 25	15 625	18 75
Octroi de Paris.	0 33	4 125	4 95
Mesurage.	0 053	0 66	0 80
Prix de revient dans Paris..	2 463	30 785	36 95

Si maintenant, dans ce tableau, je substitue les *prix d'achat*, tels qu'ils m'ont été donnés par M. Dehaynin (*Voyez* p. 80), au *prix de revient que j'ai évalué*, j'ai :

POUR LES GAILLETTES.

l'hectolitre.		la tonne.		la voie.
3 f. 463.	. . . .	43 f. 285.	. . . .	51 f. 945

POUR LES GAILLETERIES.

3 f. 263.	. . . .	40 f. 785.	. . . .	48 f. 945

POUR LES FINES.

2 f. 563.	. . . .	32 f. 035.	. . . .	38 f. 445

(1) Ce droit qui était de 0 fr. 33 c. par 100 kilogrammes, ou 0 fr. 264 par hectolitre de 80 kilogrammes, a été baissé de près de moitié.

Qui se vendent en ce moment :

Les gaillettes.	55 f.	la voie.
Les gailleteries	54	d°.
Les fines.	50	d°.

en observant toutefois qu'il se vend très-peu de fines, et qu'on les mélange avec les deux autres qualités pour composer ce qu'on appelle les *forges gailleteuses*. Ce sont ces mélanges, c'est le mesurage, c'est même la manière d'acquitter les droits, qui amènent, pour le marchand de charbons, des bénéfices dont il est impossible de suivre la trace dans les calculs de la nature de ceux que nous établissons ici. On pourrait arriver à un prix de revient *apparent* qui serait exact, mais égal au prix de vente, et pourtant que le marchand gagnât encore.

Mais poursuivons notre analyse. Il est difficile de connaître le prix de revient dans les houillères du nord de la France. On y exploite à une grande profondeur des couches très-minces (1), et le concours de ces deux circonstances doit entraîner des frais assez considérables; M. Marck-Jennings disait à la Commission d'Enquête, en 1832 : « La Compagnie des mines d'Anzin *peut prouver par ses li-* « *vres* que, malgré les sacrifices énormes qu'elle a faits depuis tant « d'années pour améliorer et rendre moins coûteux son système d'ex- « ploitation, tout ce qu'elle a pu faire pour ses mines de houilles « grasse et flambante, a été d'obtenir un *prix de revient* qui a varié « de 0 fr. 885 à 1 fr. 18, et dont la moyenne des derniers quinze

(1) A *Anzin* on exploite 18 couches qui ont ensemble 14 m. 20; c'est, moyennement, 0 mètre 79 de puissance. Quelques puits vont jusqu'à 475 mètres de profondeur.

A *Denain* on exploite 4 couches ayant ensemble 2 mètres 80 ou, moyennement, 0 mètre 70.

A *Douchy* on exploite 4 couches ayant ensemble 3 mètres 60 ou, moyennement, 0 mètre 90. (*Résumé des travaux statistiques de l'Administration des mines en* 1836, pages 10 et 11; *in-quarto*, de l'Imprimerie royale, 1837.)

« semestres a été de 1 fr. 035 par hectolitre. Voilà ce qui peut « être prouvé d'une manière qui n'admet aucun doute(1). » Comme l'a très-bien dit M. Migneron dans cette même Enquête (2), les *frais d'extraction* ne sont jamais bien connus que de l'exploitant : c'est là son secret ; mais à Denain, le *prix de vente* sur la fosse est de 1 fr., et *Denain* si, malgré la déclaration de M. Jennings, j'estime le *prix d'extraction* à 0 fr. 80, on admettra que je ne laisse pas une marge excessive pour les bénéfices. — Le prix du transport varie, comme celui de Mons, dans des limites considérables ; M. Dehaynin m'a déclaré qu'il était en ce moment de 1 fr. par hectolitre ; j'accepterai ce *minimum*, et j'aurai :

Charbon de Denain.

	HECTOLITRE. (80 kilog.)		TONNE. (1000 kilog.)		VOIE DE PARIS. (15 hectol.)	
Prix de revient sur la fosse (*évalué*).	0 f.	80	10 f.	» »	12 f.	»
Transport au rivage.	0	275	3	4375	4	125
Fret actuel.	1	»	12	50 »	15	»
Octroi de Paris	0	33	4	1250	4	95
Mesurage.	0	053	0	66 »	0	80
Prix de revient dans Paris.	2	458	30	7225	36	875

Je passe de suite aux charbons de Douchy. Là on vend à l'hectolitre *Douchy.* comble, et 12 de ces hectolitres font une voie. Cet hectolitre *comble*

(1) *Enquête sur les houilles*, p. 95; *in-quarto*, de l'Imprimerie royale, 1833.
(2) *Ibid.*, page 161.

se vend 1 fr. 40 ce qui met l'hectolitre *ras* à 1 fr. 12; le fret est, en ce moment, de 1 fr. 10, ce qui donne 0 fr. 88 pour l'hectolitre ras; j'aurai donc, en supposant le même prix de revient pour rendre tous mes résultats comparables :

Charbon de Douchy.

	HECTOLITRE. (80 kilog.)		TONNE. (1000 kilog.)		VOIE DE PARIS. (15 hectol.)	
Prix de revient (*évalué*)	0 f.	80	10 f.	»	12 f.	»
Fret actuel	0	88	11	»	13	20
Octroi de Paris	0	33	4	125	4	95
Mesurage	0	053	0	66	0	80
Prix de revient dans Paris	2	063	25	785	30	95

Si maintenant je groupe tous ces résultats pour les comparer, j'obtiens le tableau suivant :

	DOUCHY.	LA TAUPE.	DENAIN.	MONS.	St-ÉTIENNE.
Prix de l'hectolitre	2 f. 063	2 f. 413	2 f. 458	2 f. 463	3 f. 116
— de la tonne	25 785	30 035	30 7225	30 785	38 95
— de la voie	30 95	36 05	36 875	36 95	46 745

Tableau duquel il résulte, avec la dernière évidence, que le seul des bassins du centre qui puisse prétendre à transporter des *charbons gras* à Paris, est le bassin de Brassac; tableau duquel il faut conclure aussi que le seul avantage qu'aient, dans cette comparaison, les houillères du Nord, c'est la régularité des transports opérés par le canal de Saint-Quentin. Cet avantage est grand, sans doute, opposé au vagabondage de l'Allier, mais il n'est pas assez grand pour retirer, au bassin de Brassac *bien exploité*, l'espoir de contribuer pour une assez forte part à l'approvisionnement de Paris.

Pour arriver à Nantes les charbons d'Auvergne n'ont qu'à descendre par l'Allier dans la Loire. Le prix de ce transport jusqu'à Nantes varie de 38 à 40 fr., et il y a, comme pour la navigation sur Paris, à déduire le prix d'un bateau. Si l'on établit un calcul analogue à celui des pages 75 et 76, et si l'on part du prix de 40 fr. par voie, on trouve 1 fr. 82 c. pour le prix de transport d'un hectolitre de charbon de Brassac à Nantes, et le prix de revient se compose ainsi : Nantes. Prix du transport.

Charbon de la Taupe.

	HECTOLITRE. (80 kilog.)	TONNE. (1000 kilog.)
Prix de revient dans le bateau.	0 f. 40	5 f. »
Fret, droits compris.	1 82	22 75
Droit d'entrée à Nantes. . . .	0 10	1 25
Mesurage à Nantes.	0 05	0 625
	2 37	29 625

La concurrence avec Saint-Étienne, pour des charbons d'égale qualité, n'est pas fort à craindre. Au prix précédent il faut ajouter : Concurrence. Avec Saint-Étienne.

Pour le chemin de fer. . . . 0 fr. 173 (*Voyez* p. 79)
Et pour le fret 0 83
Ensemble . . . . 1 fr. 003

Car le prix du fret d'Andrezieux à Nantes varie de 2 fr. 60 à 2 fr. 70 c., et peut être compté moyennement à 2 fr. 65 c. Ainsi les houilles de Saint-Étienne reviendraient à Nantes :

l'hectolitre.	la tonne.
3 fr. 373	42 fr. 16

Si je ne parle pas de Decize, qui, cependant, envoie des charbons à Nantes, c'est que je cherche, autant que possible, à comparer des qualités analogues.

Avec Languin. La concurrence la plus réelle que les charbons de la Taupe puissent rencontrer à Nantes est celle de la localité même. Le bassin houiller de la basse Loire qui s'avance par l'Erdre, jusqu'aux portes de Nantes, produit sur quelques points, notamment à Languin, d'excellent *menu*. J'ai eu occasion d'évaluer à 1 fr. 80 c. (1) ou 2 fr. au plus le prix de revient d'un hectolitre de charbon de Languin emmagasiné à Nantes. Mais, je le répète, Languin ne fournit absolument que du charbon fin. Pour le *gros* et la *gailleterie* c'est avec Newcastle que la lutte s'engage à Nantes.

Avec les charbons anglais. En 1838 les charbons se vendaient à Nantes :

	l'hectolitre.
Ceux de Languin.	2 f. 75
Les charbons maigres de Mouzeil. .	2 20
Les charbons gras de St-Etienne. .	3 f. à 3 50
— de Newcastle. .	3 à 3 50

La réduction des droits sur la houille étrangère, importée par mer, a profondément modifié le commerce de ce produit dans le département de la Loire-Inférieure, car il est résulté de cette réduction que les charbons belges ont été presque complétement expulsés du port de Nantes par les charbons anglais. Je n'ai pas le

(1) *Rapport à M. Lamie Murray sur le parti qu'il convient de tirer de la Concession de Languin (Loire-Inférieure)*; par Henri Fournel, pages 24 et 26; *in-quarto*. Paris, décembre 1838.

chiffre de la consommation de cette ville, mais il est certain que depuis plusieurs années cette consommation croît dans une proportion très-rapide; en effet, malgré la plus grande activité donnée aux exploitations du bassin de la basse Loire, l'importation des houilles étrangères, à Nantes, a vingtuplé en quatre ans, de 1834 à 1837 (1).

Je bornerai ici cette discussion que l'on trouvera peut-être déjà trop longue, mais qui me paraissait indispensable comme étude commerciale sur le bassin de Brassac. Pour les autres débouchés (2) moins importants ouverts à ce bassin, je renvoie au tableau de la page 16, et pour qu'en même temps on puisse se faire une idée de l'accroissement probable de la consommation sur chaque point, je placerai sous les yeux du lecteur un tableau où il est facile de suivre cet accroissement depuis 1787 dans toute l'étendue du royaume. Les éléments de ce tableau sont empruntés aux documents publiés, cette année même, par l'Administration; on remarquera que les chiffres relatifs aux années 1835 et 1836, comparés aux chiffres officiels antérieurement publiés, ont été retouchés par elle.

(1) *Rapport à M. Lamie Murray sur le parti qu'il convient de tirer de la Concession de Languin (Loire-Inférieure)*; par Henri Fournel, page 27; *in-quarto*. Paris, décembre 1838.

(2) Le transport de Brassac à Tours est de. . . . . 32 à 34 fr.
Celui id. à Orléans. . . . . 28 à 30

Production et consommation de la France.

ANNÉES.	PRODUCTION.		EXCÈS DE L'IMPORTATION SUR L'EXPORTATION.		CONSOMMATION.		ACCROISSEMENT ANNUEL DE LA CONSOMMATION.	
	quintaux métriques.	hectolitres.	quintaux métriques.	hectolitres.	quintaux métriques.	hectolitres.	quintaux métriques.	hectolitres.
1787	2,150,000	2,687.500	1,885.919	2,357,399	4,035,919	5,044,899	......	......
1788	2 250,000	2.812.500	2,165,924	2,707,405	4,415,924	5,519,905	380,005	475,006
1789	2,400,000	3,000,000	2,100.000	2,625,000	4,500,000	5,625,000	84,076	105,195
....	»	»	»	»	»	»	»	»
1802	8,441,800	10,552,250	910,000	1,137,500	9,351,800	11,689,750	4,851,800	6,064,750
....	»	»	»	»	»	»	»	»
1811	7,736,941	9,671,176	900,000	1,125,000	8,636,941	10,796,176	......	......
1812	8.355,231	10,444,039	940,000	1.175,000	9,295,231	11,619,039	658,290	822,862
1813	7.717,791	9,647,239	870.000	1,087,500	8,587,791	10,734,739	......	......
1814	7,883.716	9,854,645	1,442,275	1,802,844	9,325 991	11,657,489	738,200	922,750
1815	8,815,872	11,019,840	2,306,070	2,882,587	11,121,942	13,902,427	1,795,951	2,244,937
1816	9.416.389	11,770,486	2.903,200	3,629,000	12,319,589	15,399,486	1,197,647	1,497,059
1817	10,033 803	12 542 254	2.185,292	2 731,615	12,219,095	15,273,869	......	......
1818	8.979,043	11,223,804	2,482,577	3,103,221	11,461.620	14,327,025	......	......
1819	9.640,699	12,050,874	2,097,478	2.621,847	11,738,177	14,672,721	276,557	345,696
1820	10,936,578	13,670,722	2,544,642	3,180,802	13,481,220	16,851,525	1,743,043	2,178,803
1821	11,347,111	14,183.889	2,471.286	3,089,107	13,818,397	17,272,996	337,177	421,471
1822	11,935,787	14,919.734	3,316.831	4,146,038	15,252,618	19,065,772	1,434,221	1,792,776
1823	11.952,676	14,940,845	3,220,949	4,026.186	15.173,625	18,967,031	......	......
1824	13 256,993	16,571,241	4,558,100	5,697,625	17,815,093	22,268,866	2,641,468	3,301,835
1825	14,913.815	18.642,269	5,030,038	6,287,547	19,943,853	24,929,816	2,128,760	2,660,950
1826	15 410 007	19 262,509	5,012,619	6,265,774	20,422.626	25,528,282	478,773	598.466
1827	16,910.769	21.138,461	5,370 655	6.713,319	22,281,424	27,851,780	1,858,798	2,323,497
1828	17.740,732	22.175,915	5,787,475	7,234.344	23.528,207	29,410,259	1,246,783	1,558,479
1829	17.415,707	21,769 634	5,483,063	6,853,829	22,898,770	28,623,462	......	......
1830	18,626.653	23.283,316	6,312,795	7,890,994	24,930.448	31.174,310	2 040 678	2,550,847
1831	17,603,857	22 001 821	5,378,261	6.722,826	22.082,118	28,727,647	......	......
1832	19,628,551	24,535,689	5,573,045	6,966,306	25,201,596	31,501,995	2,219,478	2,774,347
1833	20,576,314	25,720,392	6,790,311	8,487,889	27,366,625	34,208,281	2,165,029	2,706,286
1834	24,898,400	31,123.000	7,245,659	9,057,074	32,144,059	40,180,074	4,777,434	5,971,792
1835	25.064.163	31,330,207	7,718,016	9,647,520	32.782,182	40,977,727	638,123	797,654
1836	28,419.466	35,524.332	9.730 092	12,162,615	38,149,558	47,680 047	5.367,376	6,709,220
1837	29,807,351	37,259,189	11,104,516	13,880,646	40,911,867	51,139,835	2,762,309	3,452,880

Un des résultats les plus frappants de ce tableau, c'est que dans les six dernières années dont les chiffres sont connus (1832—1837) la consommation de la France a augmenté, moyennement, de 3,735,364 hectolitres chaque année.

Il résulte aussi de ce tableau que si l'on représente par 1 la production et la consommation de houille du royaume en 1789, les rapports suivants expriment l'importance relative de cette production et de cette consommation considérées à six époques différentes :

	production.	consommation.
1789.	1 ».	1 »
1811.	3 22.	1 92
1817.	4 18.	2 71
1821.	4 72.	3 07
1827.	7 04.	4 98
1831.	7 33.	5 11
1837.	12 42.	9 09

Il ne faudrait pas conclure de la comparaison de ces deux colonnes que la production dépasse la consommation; il en faut conclure que, dans la consommation totale, notre production joue un rôle plus important *par rapport à l'importation étrangère*, quoiqu'il soit très-remarquable que cette importation croisse en même temps que notre production augmente (1).

En 1789 l'importation étrangère était juste égale à notre production; en 1837 elle a été à notre production : : 1 : 2,6.

L'ensemble de ces chiffres est fait pour rassurer les possesseurs des houillères. Il montre que la France reçoit encore de l'étranger $\frac{1}{3,68}$ de sa consommation actuelle, et si l'on ajoute que cette con-

(1) Cette importation ne paraît pas diminuer. Dans les huit premiers mois de 1839, il est entré 8,216,167 quintaux métriques, ou 10,270,208 hectolitres, qui ont payé à la douane 1,795,556 f. ou, moyennement, 0 f. 174 par hectolitre. (*Journal des Débats*, du 25 septembre 1839.)

sommation est croissante, il est permis d'en conclure que l'industrie houillère en France est au nombre de celles qui ont le plus d'avenir et qui sont destinées à donner plus tard de grands bénéfices à leurs entrepreneurs.

SECTION II.

ASPECT FINANCIER.

En décrivant l'établissement qui vient d'être créé dans le bassin de Brassac j'ai eu le soin de dire, en son lieu et place, quelle dépense chacun des travaux avait occasionnée, et j'y ai joint, dans presque tous les cas, le détail de chaque somme employée; j'ai souvent indiqué aussi ce qui restait à faire. Je dois maintenant grouper tous ces chiffres de manière qu'on puisse les saisir facilement d'un coup d'œil, ils présenteront une espèce d'*état de situation;* et puisque je prononce ce mot d'état de situation je commencerai par donner celui des charbons.

Au 31 août la société possédait, à Paris, six bateaux de charbon, provenant des anciens travaux et qu'on aurait beaucoup mieux fait de laisser à Brassac; ces six bateaux contiennent 2,400 hectolitres.

Nous avons vu (page 59) que, dans les nouveaux travaux, l'extraction du 22 juin au 31 août a été de. . . . 32,624 hect.

Nous avons vu (p 68) que, dans le même temps, la vente a été de 14,095

Différence. . . 18,529 hect.

Il reste, en outre, sur le port et provenant des anciens travaux, *chaussine*. 13,235

Ensemble . . . 31,764 hect.

chiffre égal à celui que donne la comptabilité au 31 août 1839, pour les charbons existant à Brassac.

Je passe immédiatement à ce qui concerne la position financière, et je distinguerai les dépenses faites des dépenses à faire.

ARTICLE PREMIER.

Récapitulation des dépenses faites.

J'ai dit (page 58) que je laissais complétement de côté l'extraction qui avait eu lieu dans les anciens travaux. C'est que ces premiers travaux peuvent être considérés comme ayant à peu près couvert leur dépense par la vente du charbon qu'ils ont produit, de sorte que je ne commets pas d'erreur bien grave en faisant application de toute la somme dépensée aux nouveaux travaux exécutés, les seuls que j'aie décrits. Il en résultera peut-être que le chiffre des frais généraux sera un peu chargé; mais il suffira de se rappeler que bien des travaux de recherche ont accompagné l'extraction faite dans les vieux travaux, il suffira de se rappeler que la galerie du chemin de fer, plusieurs puits pour l'eau, etc., figurent dans notre description sans figurer dans notre dépense, pour expliquer ce chiffre, qui d'ailleurs n'est pas exorbitant pour quinze mois.

En laissant de côté les sommes payées aux vendeurs, la somme totale dépensée jusqu'au 31 août 1839 se monte à 690,371 fr. 52 c. Cette somme renferme le produit de versements faits par les actionnaires et le produit de la vente des charbons. Voici son emploi :

Enregistrement de l'acte de vente, droit de 5 1/2. . . .	77,110 »	101,093 f. 47 c.	Acquisition de la concession.
Décime	7,711 »		
Frais d'actes, notaires, etc.	16,271 47		
2 p. 0/0 de commission accordés au banquier pour placement de 1,000 act.		20 000 »	Placement d'actions.
	A reporter.	121,092 47	

				fr. c.
		Report.		121,092 47
Travaux.	D'ARREST.	Puits d'airage (*voyez* p. 28).	16,737 »	138,062 69
		Puits d'extraction (p. 29).	35,914 30	
		sa machine (p. 50).	34,772 64	
		son tunnel (p. 33).	14,052 »	
		Travaux souterrains (p. 30 et 31).	17,722 »	
		Bâtiments du puits et de la machine (p. 44).	14,605 »	
		Câbles plats (p. 59).	3,259, 75	
		Dépense au puits d'airage en août.	1,000 »	
	DE LA TAUPE.	Puits d'airage (p. 35).	18,039 »	118,129 95
		Puits d'extraction (p. 36).	12,076 »	
		sa machine (p. 50).	44,712 95	
		son tunnel (p. (38).	16,838 »	
		Travaux souterrains (p. 37) galerie n° 1.	3,600 »	
		Travaux souterrains (p. 37) galerie n° 2.	2,100 »	
		Bâtiment de la machine (p. 44).	19,264 »	
		Puits à l'eau (p. 39).	1,500 »	
	DE GRIGUES.	Galerie du rouge (p. 40).	5,651 »	76,263 »
		Puits du bois (p. 41).	2,070 »	
		Emplacement du grand puits (p. 41).	242 »	
		Machine (p. 51).	68,300 »	
Constructions.		Forges et chambres (p. 43).	6,900 »	72,285 »
		Maison des mariniers (d°).	5,750 »	
		Chantier couvert (d°).	3,600 »	
		Magasin, bureaux, écurie (d°).	2,300 »	
		Briqueterie (d°).	4,697 »	
		Maison du contre-maître (p. 44)	1,200 »	
		Travaux du port (p. 57).	3,860 »	
		Chemin de fer (p. 56).	40,978 »	
		Divers chemins pour le service de l'établissement.	3,000 »	
Matériel.		Deux molettes à 4 chevaux (p. 49).	8,000 »	26,746 55
		Un tour à engrenages (p. 49).	2,000 »	
		Matériel de la forge.	2,453 »	
		Matériel de l'écurie.	960 »	
		Tombereaux divers.	1,888 »	
		17 chevaux.	5,000 »	
		Matériel de la briqueterie.	388 20	
		Mobilier pour les gens que l'on couche.	1,128 40	
		Outils et ustensiles de mine.	4,928 95	
		A reporter.		582,579 66

		fr. c.	
D'autre part.		582,579 66	
Briques, 132,290, à 13 fr.	17,197 70	31,906 45	Provisions.
Coussinets pour chemins de fer, 6,389 k., à 505 fr. . . .	3,226 45		
Fer galvanisé, 2,467 k. 50, à 118 fr. les 100 k. rendus. . .	2,911 65		
Fers de divers échantillons, 415 k., à 550 fr.	228 25		
Huile, 766 k., à 1 fr. 10.	842 60		
Bois, cordes, clous, poudre, matériaux de construction, métaux, fourrages, etc., etc.	7,500 »		
Pour l'immeuble de Frugères		2,970 70	Immeubles.
Charbons des vieux travaux (1) dont six bateaux sont à Paris, 2,400 hect., à 2 fr. 42.	5,808 »	18,613 60	Charbons.
Chaussine qui est sur le port de Brassac, 13,235 hectolitres, à 0 fr. 40.	5,294 »		
Charbons extraits des nouveaux travaux et non encore vendus (*voy.* p. 90), 18,529 hect.	7,411 60		
Frais généraux de 15 mois dont 13 sont *antérieurs à toute extraction*, et qui, par conséquent, sont à répartir sur les dépenses de création.		54,401 11	Frais généraux.
Total égal à la somme réellement dépensée. .		690,371 52	

ARTICLE II.

Évaluation des dépenses à faire.

Il me faut maintenant évaluer les dépenses qui restent à faire pour terminer l'établissement. Je tâcherai d'approcher, autant que possible, de la réalité; mais je désire toutefois qu'on n'attache pas à ce genre de travail une idée de rigueur que je n'y attache pas moi-même; je désire surtout qu'on ne perde pas de vue qu'il s'agit ici

(1) Si ces charbons étaient tous vendus ils ne figureraient pas ici d'après ce que j'ai dit page 91, mais jusqu'à ce qu'ils soient vendus, eux et *la chaussine* qui est sur le port de Brassac, ils doivent figurer pour leur prix de revient *évalué*, dans le tableau des *dépenses faites* jusqu'à ce jour.

de travaux de mines, c'est-à-dire du genre de travaux auxquels il faut savoir faire la part la plus large pour les éventualités.

ARREST.
Travaux intérieurs.
Galeries de roulage.

On a vu (page 29) commencer *au niveau de* 160ᵐ une galerie à travers bancs qui doit se partager en deux branches dirigées sur la grande couche. Chacune des branches aura 96ᵐ de développement, soit 200ᵐ pour les deux.

Le percement est marchandé à 25 f. par mètre . . .	5,000 fr.	32,900 fr. »
Travaux à la journée.	1,600	
Huile, poudre, outils.	4,200	
Frais divers.	600	
400 mètres de murs à 10 fr. 50	4,200	
800 mètres de voûte en briques, à 12 fr.	9,600 (1)	
400 mètres de chemins de fer, à 11 fr. (2)	4,400	
Au niveau de 100 *m.*, 300 m. de chemins de fer . . .	3,300	

Galerie d'écoulement.

Quant à la galerie d'écoulement vers le puits de Grigues, elle sera prise dans l'allongement de la couche même, et on n'aura à percer que l'intervalle de la couche au puits de Grigues, c'est-à-dire environ 50 m., à 125 fr. 6,250 »

A reporter. . . 39,150 fr. »

(1) En additionnant ce chiffre et ceux qui le précèdent, on trouvera 25,200 f.; c'est qu'en effet je crois que le *minimum* du prix auquel on puisse établir de semblables galeries est, sans compter les chemins de fer, 125 fr. par mètre, savoir :

Percement.	25 fr.
Travaux à la journée.	8
Outils.	10
Poudre.	9
Huile.	2
Murs.	20
Voûte.	48
Frais divers.	3
	125 fr.

Et si je me réglais sur le tunnel de la Taupe, j'arriverais à un chiffre plus élevé.

(2) Si l'on veut se reporter aux détails donnés (p. 56) sur les chemins de fer, on verra qu'en défalquant les terrains, les terrassements et la maçonnerie, il reste 11 fr. 30, d'où je retire encore 0 fr. 30, parce que la pose doit être entreprise à moins 1 fr. 57.

D'autre part. . . .		39,150	»	
Pour achever le coulantage jusqu'au niveau de 160 m., 60 m. de coulantage, à 36 fr.		2,160		*Puits d'extraction.*
La maçonnerie en briques qui enveloppe l'orifice du puits d'airage a été faite en août, et se trouve par conséquent comprise dans la dépense de ce mois; mais il reste à établir la colonne de tuyaux en fer galvanisé qui doit surmonter cette cheminée. Cette colonne, haute de 50 mètres, et qui a un diamètre de 1m62 (5 pieds), pèse 6,000 k., à 1 fr. 40 le kilog. .	7,400			Travaux extérieurs. *Puits d'airage.*
Transport de Paris à Brassac, à 13 fr. les 100 k. . .	780	8,680	»	
Pose.	500			
Environ 200 m. de galeries de roulage sont percés. Il reste à les murailler, à les voûter, et à y poser des chemins de fer. Pour la maçonnerie à 75 fr. par mètre, en comprenant les faux frais.	15,000	19,400	»	LA TAUPE. Galerie de roulage.
400 m. de chemins de fer, à 11 fr.	4,400			
M. Henrys estime que la galerie d'écoulement aura 120 m. de développement, à 125 fr. par mètre.		15,000	»	Galerie d'écoulement.
Pour achever le coulantage jusqu'à la profondeur de 200 m., il reste 35 m. à 36 fr.	1,260			Puits d'extraction.
Transport de 5,500 k. de pièces pour la machine de 20 chevaux chargées au Havre pour.	1,500	11,020	»	
Pose de la machine (1).	5,000			
500 m. de câbles.	3,260			
Pour achever le boisage au fond de ce puits, je porterai.	300 fr.			Puits d'airage.
Maçonnerie en briques pour envelopper son orifice. . .	500	9,480	»	
Cheminée en fer galvanisé.	8,680			
Foncement du puits à 200 mètres, marchandés à 80 fr. .	16,000 fr.			GRIGUES. Puits d'extraction.
Frais d'actes (2)	232	16,332	»	
Gratification de 0 fr. 50 c. par mètre.	100			
Boisage : trois compartiments.		15,000	»	
Pour tous les autres frais du foncement (travaux à la journée, huile, poudre, outils, molette, etc.), je porterai.		13,668	» (3)	
A reporter. . . .		149,890	»	

(1) On voit que quand la machine de 20 chevaux va être montée, elle aura coûté environ 51,200 f. sans son bâtiment. C'est 2,560 f. par cheval.

(2) Les marchés avec les ouvriers se passent par-devant notaire. C'est un usage particulier au bassin de Brassac.

(3) En additionnant les trois chiffres relatifs à l'établissement du puits de Grigues, on trouve 225 f. par mètre. Pour un puits d'une aussi grande section et

	D'autre part. . . .		149,890	»
	Bâtiment du puits, équipage des molettes, pont roulant sur le puits.		8,000	»
	Câbles.		3,500	»
Machine d'épuisement.	La machine est payée, mais elle a encore à supporter ses frais d'entrée, de transport et de pose.			
	Droits d'entrée à 30 % sur 68,000 fr.	20,400 fr.	51,440	» (1)
	décime.	2,040		
	Transport et autres frais.	20,000		
	Pose.	9,000		
	Bâtiment de la machine.		20,000	»
	Jeux de pompes.		10,000	»
Puits d'airage.	Puits d'airage (à foncer dans le charbon), galerie de 20 mètres, pour faire communiquer le *puits du Bois* avec la *galerie du Rouge*. .		6,000	»
Travaux souterrains.	Galeries de roulage, chemins de fer, chambre d'accrochage. . . .		40,000	»
OBJETS GÉNÉRAUX. Port.	Pour l'achèvement du port.		3,000	»
	Machine pour décharger les wagons.		5,000	» (2)
Chemin de fer.	La seconde voie du chemin de fer coûtera beaucoup moins que la première. Les terrains sont achetés, les travaux de maçonnerie sont faits, et les remblais sont presque partout assez larges pour recevoir le second rang de rails. Je compterai donc seulement 11 fr. par mètre, comme pour les chemins intérieurs; pour 1,723 mètres.		18,953	»
Matériel.	200 wagons à 364 fr. l'un.		72,800	»
Constructions.	Achèvement de la maison des mariniers.	500 fr.	11,700	»
	Achèvement de la maison du contre-maître.	1,200		
	Maison du directeur.	10,000		
	Ensemble. . . .		400,283	»

qui doit être boisé en entier, ce prix est suffisant, mais n'est pas élevé. Arrest a coûté 224 f. par mètre.

(1) Si à ce prix de. . . . . 51,440 f.
J'ajoute les. . . . . 68,300 d'acquisition.

J'ai. 119,740

c'est-à-dire à peu près 2,000 f. par cheval. Or, on sait (p. 50) que celle de 15 chevaux a coûté 2,484 f., et que celle de 20 chevaux a coûté (p. 95) 2,560 f. par cheval. Je crois donc ne rien exagérer dans mon évaluation, et même satisfaire à la décroissance de prix dont il faut tenir compte par cheval, quand on considère des machines de forces très-différentes.

(2) Je pose ce chiffre un peu au hasard.

Tel est le chiffre auquel j'arrive et que je crois aussi exact que le chiffre d'une évaluation de cette nature puisse être. J'observerai que je me suis réglé autant que possible sur ce qu'ont coûté les travaux déjà exécutés par la Compagnie, et, sous ce rapport, il m'est permis de regarder mes *évaluations* comme ayant un caractère particulier. J'observerai encore que si l'on arrive, ce qui est possible, à faire quelques économies sur les dépenses telles que je les ai indiquées, elles serviront à couvrir quelques autres dépenses que je n'ai pas fait figurer parce qu'elles peuvent être ajournées; je veux parler du muraillement des puits d'airage, de l'établissement des bures d'échelles, de la construction de fours à coke, etc. Si enfin la machine de Grigues ne peut pas servir à l'épuisement et à l'extraction, et s'il faut en placer une quatrième, je crois qu'en fixant, dans ce cas, à 450,000 fr. le chiffre de la dépense à faire pour compléter les travaux entrepris dans la concession de Grigues et la Taupe, on aura un chiffre assez voisin de la vérité.

RÉSUMÉ ET CONCLUSIONS.

La concession de Grigues et la Taupe nous présente donc en même temps une ancienne exploitation et une exploitation qui commence. Pour la première fois ses travaux vont être soumis à un plan général bien conçu et exécuté avec talent. S'enfoncer au-dessous de ces richesses grapillées depuis des siècles, reconnaître dans la profondeur la puissance des couches, la qualité du combustible qu'elles fournissent, tel est le problème qu'il fallait résoudre et qui a été résolu avec un entier succès.

D'immenses travaux, exécutés avec une somme que l'on peut appeler modique vu leur importance, ont conduit au milieu de dix-sept couches, dont plusieurs très-puissantes, donnant à peu de frais un charbon d'excellente qualité et capable de rétablir en peu de temps l'ancienne réputation ternie des *charbons d'Auvergne*, et notamment des *charbons de la Taupe*.

Nous avons vu que sur trois puits qu'embrasse le système adopté, deux sont achevés ou près de l'être, et que leurs machines pourront fournir à une extraction de près de 1,000,000 d'hectolitres par an, aussitôt que leur matériel en chemins de fer intérieurs et en wagons sera prêt. J'ai cru me réserver une marge suffisante en faisant partir cette extraction du 1er janvier prochain, époque à laquelle il est bien facile que les wagons soient prêts, les chemins de fer intérieurs posés, et la double voie du chemin de fer extérieur terminée.

Je crois avoir évalué largement la dépense à faire pour compléter tout cet ensemble, et j'ai trouvé qu'il fallait :

Pour terminer Arrest.	49,990 fr.
-- la Taupe.	54,900
Pour créer Grigues.	183,910
Pour objets généraux.	111,453
Ensemble. . .	400,283

Mais je n'hésite pas à dire qu'avec cette somme, ajoutée aux 690,000 f. déjà dépensés, on aura créé une des plus belles exploitations de la France, une exploitation dont la production n'aura d'autre limite que celle que la navigation de l'Allier pourra y apporter.

J'usqu'où ira l'obstacle apporté par l'inconstance de cette rivière dont j'ai dit tous les caprices? je ne saurais donner, à cet égard, aucun chiffre, je doute même qu'il soit possible d'en donner un; mais je crois avoir fixé (1), d'après M. Dutens, les deux limites *extrêmes* (700 bateaux et 2,300) entre lesquelles ont varié *jusqu'à ce jour* les expéditions qu'à pu faire le bassin de Brassac en dehors de la consommation locale dont j'ai donné le chiffre. Ce qui est certain c'est que l'Allier a tous les ans une série de crues plus

(1) Voyez p. 70 de ce Rapport.

ou moins fortes, d'une durée plus ou moins longue, et il n'est pas probable, vu l'état peu avancé de l'industrie en Auvergne, que le parti qu'on en a su tirer, soit le *maximum* du parti qu'il est possible d'en tirer. Un port capable de contenir un grand nombre de bateaux prêts à partir, des moyens de chargement rapides pour en expédier de nouveaux et profiter d'un flot favorable, sont d'assez grandes innovations dans le bassin de Brassac, pour que la Compagnie soit autorisée à admettre que le passé ne peut pas, ici, faire la loi invariable de son avenir.

Cherchant à mesurer les avantages et les désavantages de la *Concession de Grigues et la Taupe,* par rapport aux houillères des autres bassins qui peuvent lui faire concurrence sur les principales places, j'ai montré qu'elle avait sur Saint-Étienne l'avantage énorme de 10 à 11 fr. par voie rendue à Paris, et que si sa véritable concurrence était au Nord, ses prix se rapprochaient assez de ceux de Mons et d'Anzin pour que cette concurrence pût être soutenue sans désavantage.

Tels sont les faits. L'aspect favorable, c'est la richesse de la concession, sa position au bord même de l'Allier, l'excellence et le bon marché de ses produits, la perfection de ses travaux. L'aspect défavorable, c'est l'irrégularité de la navigation de l'Allier, irrégularité qui, dans certaines années, empêchera de faire des expéditions en harmonie avec l'importance de l'exploitation, et obligera la Compagnie à avoir un fonds de roulement plus fort que si l'Allier canalisé permettait de faire des expéditions régulières et de livrer à époque fixe.

Je crois avoir tout dit. La dissection à laquelle je me suis livré n'a pas détruit chez moi l'impression favorable que j'avais reçue à la vue des travaux, et je désire vivement voir terminer ce qui a été si bien commencé.

Paris, ce 25 septembre 1839.

HENRI FOURNEL,

Ingénieur au corps royal des mines,
Rue Neuve-des-Mathurins, 4

TABLE DES MATIÈRES.

BIBLIOTHÈQUE ROYALE

www.ingramcontent.com/pod-product-compliance
Ingram Content Group UK Ltd.
Pitfield, Milton Keynes, MK11 3LW, UK
UKHW022119190726
13855UKWH00003B/946

9 782013 338981